風土再造

看見地方的光：25個社區營造的實踐之路

部長序

社造不在遠方，而是日常

自一九九四年文建會提出「社區總體營造」政策，「社造」便在全國各地開枝散葉，展開一場最草根、最普及、最安靜溫和、持續最久且影響深遠的社會運動。從社區到社群，從社區行動到公民審議，社造不斷深化，民間長期以來自主的參與，開創了一股由下而上的公民參與力，以「潤物細無聲」的溫柔姿態，一步步喚醒了人們對土地的情感、對家鄉的認同，自發性、群體性的家園再造工程，彰顯了臺灣最堅韌旺盛的在地生命力。

社區營造是臺灣邁向公民社會、實踐民主的重要路徑，主體是人民，政府的角色，則是要建構一套支持、鼓勵公民參與公共治理的責任體系，打造出全民都能參與的公共領域，賦權給來自基層的力量，參與建構社區、社群和社會，成為涵養這片土地的養分。當前我們的國家正迎向全球化，同時面對人口結構老化、產業結構變化、數位轉型、氣候變遷及青年世代相對剝奪感等多元挑戰，更應該深化社造，孕育更具公民意識、行動力的文化公民，催生有利於社區營造的公共治理新模式，從參與討論，共同面對問題、解決問題，進而創造願景，從在地回應各種新興挑戰。

只有參與，才能改變，打造美好的生活日常，一點一滴都能化為改造社會與環境的巨大力量。從本書二十五個社區營造亮點故事，我們看到各地許多驚喜的轉變：「好故事」挖掘出在地獨特人文，引發體驗價值。「新感官」藉由美學重塑或開創地方元素，創造凝視地方的新視野。「新商模」將文化價值具體化，形成新的商業模式，領導新的市場需求。「新價值」將傳統產業重新解構，賦予創新靈魂，走出新生。「新風土」串聯地方生態圈，創造複合式營運的深度體驗經濟。

文化是國家的根本，在地文化源於在地生活，透過社造，更能凝聚地方。社造是一條未竟之路，需要跨族群、跨世代、跨領域的每一位公民持續接棒。一起努力，讓我們走得更遠、更久、更強。

文化部部長

目錄

部長序……002

PART I 好故事

01 桃園 日日田職物所……008
02 新竹 見域工作室……016
03 嘉義 阮劇團……024
04 宜蘭 音樂米創意產銷企業社……032
05 臺東 台東製造……040

PART II 新感官

06 基隆 星濱山共創工作室……050
07 彰化 instant 42 藝樂肆貳行……058
08 高雄 台青蕉香蕉創意工坊……066
09 金門 村復號……074

PART III 新商模

10 南投 南投縣南投市光榮社區發展協會 084
11 臺南 臺南市北區大港社區發展協會 092
12 臺南 有限責任臺南市官田烏金社區合作社 100
13 東引 鹹味島合作社 108
14 澎湖 離島出走工作室 116

PART IV 新價值

15 新竹 新竹縣九讚頭文化協會 126
16 苗栗 苗栗縣苑裡鎮山腳社區發展協會 134
17 臺中 水源地文教基金會 142
18 雲林 雲林縣古坑鄉華南社區發展協會 150
19 花蓮 洄遊吧 FISH BAR 158
20 花蓮 高山森林基地 166

PART V 新風土

21 新北 甘樂文創 176
22 臺北 綠點點點點 184
23 苗栗 苑裡掀海風 192
24 嘉義 嘉義縣大埔鄉和平社區發展協會 200
25 屏東 屏東科技大學社區林業中心 208

Community
Revitalization
PART

I

好。故事

用日常
繫起情感紐帶

- 桃園 日日田職物所
- 新竹 見域工作室
- 嘉義 阮劇團
- 宜蘭 音樂米創意產銷企業社
- 臺東 台東製造

好故事

01

日日田職物所

左岸沃土 挖出大溪多層次魅力

文：蕭玉品 攝影：張界璁、張家瑋

大漢溪東岸的桃園大溪老城區遠近馳名，除了老街、豆干，近年更有大溪木藝生態博物館館舍群透過歷史建築修復啟動，滿城精采。那河的西岸呢？包括南興、埔頂、中庄等社區在內的河西地帶，早期以農業聚落發展，後期因為交流道的便捷而有許多大型企業進駐，在文化社造部分沒有河東蓬勃，但二〇一六年，南興子弟高慶榮回到地方與夥伴開創「日日田職物所」後，社區開始有了不同樣貌。

1.位於大漢溪東岸的大溪老街，在有志青年的擾動下，生氣勃勃。　2.南興里里長徐福全認為，做社區營造，就是需要年輕人投入。

「日日田職物所」創辦人高慶榮曾在大溪老城區實踐大膽的創意行動，包括活化老屋、在歷史建築辦藝術市集等，擾動地方效益卓著，但他說：「我是喜歡實驗冒險的人。」近幾年他開始回過頭來，聚焦自己所成長的農村聚落，也就是南興社區，透過工作室移轉，把藝文能量、田野擾動及創新思維帶回南興。曾任永昌宮主委的南興里里長徐福全一聽到消息，很是開心：「做社區營造，就是需要年輕人投入！」

將博物館資源帶進社區　吸引長輩投入

徐福全立刻支援，與永昌宮商量，騰出閒置的廟宇倉庫，提供團隊作為活化基地。由於大廟廟埕就是在地信仰中心，旁邊又是社區關懷據點，可以更容易與地方

農業起家的南興社區，藉由平臺建構與串聯，重新為社區找到新方向。（日日田職物所提供）

長輩產生互動、建立關係。他強調：「要有好的根據地，更能融入社區，推動起來才會事半功倍。」

為了說服社區長輩共同投入，高慶榮啟動「大溪木藝生態博物館」的街角館計畫，在南興社區開辦據點，是當時唯一一間位於河西的街角館，透過與居民共學、共創的過程，保存、展演多元的地方特色，「我們把博物館、社區、廟宇與青年的四方角色串起來，一起推動。」長輩們聽到有博物館資源要進來，個個興致勃勃。

硬體上，團隊採「以修代租」方式，整理空間、修繕女兒牆，並協助社區透過農村再生計畫提案，為廟埕廣場鋪上石板路面，並倡議設點YouBike站，以低碳漫遊農村推廣地方。現今走進日日田職物所，裡頭明亮、舒適，有地方選物、共享吧檯，還能租借使用，和以往閒置倉庫的雜亂景象完全不同。

媒合老屋與青年　進駐庄頭落點

軟體上，高慶榮決定以「房東」永昌宮神農大帝作為探索起點，積極挖掘在地特色、進行文化設計，作為營運內容。高慶榮坦承雖然從小就拜這間廟，但對拜什麼、有哪些故事卻不知所以然，直到後來才發現供奉神農大帝的永昌宮，信仰歷史超過兩百七十年，是桃園信仰神農最悠久的廟宇，於是開始積極蒐集各種傳說及故事，歸納研發成系列工作坊課程內容，形塑廟宇除了信仰中心之外的地方特色。

「青草學堂」便是其一。讓社區長輩與青年夥伴一起以有趣的遊戲方式，了解過去常民使用野草、青草的在地知識；在廟宇奧妙建築課程中，則透過剪黏、繪畫技法，一探永昌宮興建的究竟。

徐福全觀察，社區長輩不僅踴躍參與日日田舉辦的工作坊，現在甚至會將日日田的事當成自己的事，像是主動整理周圍環境等等。而透過日日田的串聯，也催生了其他創意據點，在地媳婦運用破舊牛仔褲舉辦的「舊衣升級改造工作坊」，便廣受歡迎。

日日田的努力，讓其他創生青年也開始有意願落地生根。二〇一九年，高慶榮聽聞有青年在找尋老房子，準備開辦文化料理教室。「當時我想，有沒有可能媒合他的需求，將人才留下來？」於是，他喊出「老屋新生活」口號，結合共同工作室，開始修復家族三合院的老夥房，經過四個月的整修，推廣、傳承臺灣閩客族群米食文化的「雙口呂文化廚房」，正式誕生。

新的進駐者接踵而至。「游家肥貓動物友善餐廳」將三合院舊時的「豬圈」，打理得別具風情，生意好得不得了；「手土

1.高慶榮投入社造首先確立據點，再藉空間辦理活動串接人際網絡。

日陶製所」、木雕師也在裡頭各據一方，三合院儼然成了職人聚落，「老屋不一定要全部拆掉重建，即使周邊變遷，仍然可以保有自己的個性、好好再被利用，變得舒服又當代。」高慶榮說。

整治環境 社區大學把埤塘當教室

此外，日日田旁，便是社區居民愛去乘涼的南興社區公園，有埤塘、有茄苳溪流經，社區長輩透露，一九八〇年代，茄苳溪的水乾淨到抓了蝦後，可以直接放入嘴裡，但如今，溪水常如豆漿般污濁，還頻頻被丟棄垃圾。高慶榮希望恢復往日美景，提出「許一條未來溪河」計畫，包括中原大學地景建築系和「臺灣濕地復育協會」，都因為其熱情而感染，提供不少合作及協助。

事實上，自二〇一三年起，臺灣濕地復育協會常務監事、大茅埔工作室負責人吳聲昱，便利用自創的滅碳淨美化永續工法，協助南興社區改造圳溝及生態池至今，並將此處當成社區大學學生的戶外教室。在社區齊心整治下，現在社區公園春天有鳶尾、夏天有夏荷，四季各有風景。

吳聲昱協助過許多社區改造埤塘、保水等工作，感嘆一開始很多人樂意參與，但做到後期，往往只剩幾位社區協會幹部，「要改善地方產業和環境，必須有社區的人一起加入、大家同一條心，才能傳承下去。這件事，南興做到了。」

至於埤塘旁的「做田事」計畫，高慶榮說，一般人對農業的印象，大多只有最後階段的「作物收成」，做田事計畫為的是希望在作物生產過程中，生出內容設計，

社造心內話

每一個聚落用心觀看都有其精采的亮點，
生命有限，選擇最喜歡的方式。

1+2. 2013年起，臺灣濕地復育協會常務監事、大茅埔工作室負責人吳聲昱，便開始協助南興社區改造圳溝及生態池。
3.「做田事」計畫與社區農職人合作開課，吸引有志從農的年輕人前來南興耕種、定居。（日日田職物所提供）

吸引民眾參與，更了解社區與農業。因此計畫除了常見的收割、插秧等農事體驗，還會舉辦泥漿派對，讓親子來場泥巴大戰。此外，田中有水生、陸生產業，由吳聲昱、在地青農照看，收成作物一部分也作為社區共餐的食材；未來更計畫與社區農職人合作開課，吸引有志從事農業的年輕人前來耕種，成為南興的新移民。

從轉譯廟宇文化、提倡老屋新生活運動、推動環境整治到打造做田事等一連串計畫，日日田創立不過六年，拋出的議題卻幾乎把人生活的大小事全包了。高慶榮不好意思道，那是和夥伴在當地生活，觀察到各種困境，試著找尋方法突破，才有此結果，「但做法上，我們都希望，每個議題都能有不同的主理人一起關注，畢竟人才是一切的核心與靈魂。」

1+2. 在河西串聚落夥伴的擾動下，河西地區成為大漢溪左岸的新沃土。 3. 手土日陶製所進駐三合院活化老屋空間。

多元力量匯聚　共組河西串街巷

「雙口呂文化廚房」、「手土日陶製所」負責活化三合院，「做田事基地」有在地青農及臺灣濕地復育協會共同打理，這些力量匯聚成了「河西串街巷」平臺，目前社群裡已有八十位夥伴，未來希望透過推動地方創生來打造品牌、發想設計、舉辦活動，發掘出大溪更多層次的魅力。由於南興附近有晶碩光學、英業達、太平洋電纜股份有限公司等大企業，二〇二二年再接下「桃園市大溪區南興社區發展協會」總幹事的高慶榮，還希望未來能有更多和企業社會責任（Corporate Social Responsibility, CSR）相關的合作。令人興奮的是，二〇二三年中，「河西串共生公寓」將啟用，作為平臺夥伴們工作、發想創意的共享空間，「我們希望用平臺的概念，將力量愈串愈大、愈串愈多。」他提到，未來河西串會舉辦地方活動、藝術季。期盼在河西串聚落每一位夥伴的擾動下，讓河西地區搖身一變，成為大漢溪左岸的新沃土，讓南興甚至整個大溪地區，距離團隊與居民夢想中的美好遠景，愈來愈靠近。

3

日日田職物所

成立：2018年
組織人數：4人
地址：桃園市大溪區仁和路二段190巷37號
電話：03-3807168
網址：www.facebook.com/daydaytian
FB粉絲專頁：日日田職物所

見域工作室

看見・你不知道的新竹

文：鍾文萍　攝影：楊智仁

新竹有百年護城河、尖端科技城，舊城有迷宮般的老巷弄，科學園區也有超過五〇米的寬敞車道，種種面貌，但很多連本地人都不知道。「所以我們跳出來，想做一些事。」說這話的是「見域工作室」共同創辦人吳君薇。這些年，有愈來愈多人都知道了：「想認識新竹？先去問見域！」

高雄女子吳君薇來到新竹念大學，學財務工程的她不甩「新竹是美食沙漠加文化沙漠」的坊間說法，喜歡約吃飯就經常「揪團」發掘在地美食，喜歡聽獨立音樂但當時新竹沒有音樂活動和表演場地，便找獨立書店合作，寫企劃、找器材，自己辦音樂會賣門票。也熱中參與地方上的古蹟保存運動，一次參與「搶救新竹監獄日式宿舍群」的運動，在高強度的動員之下，深刻感受到在六都陸續升格後，新竹這座被各界期許成為「第七都」的二線城市，面臨多大的開發壓力。

「新與舊、開發與保存的文化拉扯甚至撕裂，讓這座城市顯得躊躇又茫然，有點不知該往哪裡走的感覺。」年輕的她陷入思索：「其實文化並不只在古蹟、博物館裡，而是應該要回到日常生活中，一點一滴構築出生活豐富的本質、城市厚實的底蘊。」

打開一扇認識新竹的窗

她決定留在新竹生活，在舊城租下老屋，整理成兼具展示與工作的據點，與朋友共同創辦「見域工作室」。「見域」意

1. 見域工作室以舊城老屋為據點，展開一場「復古味、新絕配」的社造運動。

「文化就是日常生活一點一滴的累積。」
見域工作室共同創辦人吳君薇說。

喻「看見地方」：「我們希望成為人們認識新竹的窗口。」獨立發行《貢丸湯》地方生活誌，致力開發另類的「逛新竹」遊程，不定期安排導覽活動，開發文史走讀、文化小旅行和人權地景導覽，配合手作工作坊，設計客製化行程，同時透過策展與商品設計等多元文化載體，讓工作室成為推廣在地文化、帶領民眾認識新竹的重要媒介。官網上，團隊表達了強烈明確的決心和方向：「唯有重新談論城市，城市才有改變的可能。」

強調「文化應該在生活裡」，《貢丸湯》的刊名也由此發想而來。吳君薇說，取名《貢丸湯》不只是因為有名，更是深覺新竹的一切就像一碗貢丸湯：「很日常，很少引起注意，但它就是在那裡，巷口、街邊還有城市裡的無數角落，我們關心新竹的文化，而文化就是這樣的東西，很難被具體言明，但它就是在那裡，跟生活緊緊鑲嵌在一起，是生活的足跡。」

以「讓城市更好的必備小知識融入刊物」為宗旨的《貢丸湯》，堪稱工作室的代表作。報導主題建立在新竹的生活經驗之上，每期的製作過程，都是一場城市踏查實錄。例如「風城不睡覺」探索新竹的深夜光景；「我在新竹一個人也很好」談新竹獨居生活，考量到許多人可能讀到一半空虛寂寞覺得冷，還貼心提醒可以到都城隍廟和竹蓮寺求姻緣。由於太多人以為《貢丸湯》是美食雜誌，乾脆趁著三週年製作「貢丸的一生」特別企劃，深入介紹貢丸本人，評比各家貢丸湯的直徑、重量、彈性、湯底成分與佐料，同時大談食材工業化歷程、產業鏈的供需議題，餵食美食的同時，不忘滋養產業文化知識，以期讓讀者從胃腸到腦袋，一次獲得滿足。

找到繼續前進的動力

見域共同創辦人王昱登指出，紙本媒體可以呈現的樣貌，與實地親身參與的感受畢竟不同，因此二〇一五年開始進行田野調查，逐步發展出導覽、走讀等動態體驗活動，讓城市樣貌展現的層次，不再單向。無論寫雜誌還是帶導覽，於見域團隊而言，都是分享對當下生活的見解，並挖掘出每件事背後豐富的內涵，因此從準備

1+2.《貢丸湯》每期主題深入梳理新竹庶民文化，期許成為「地方轉譯者」的人才培力基地。　3. 在文化部青年村落文化行動計畫挹注下，見域辦理親子營隊，讓小小導覽員們為爸媽介紹新竹舊城區。（見域工作室提供）

階段就必須閱讀大量文獻資料，再透過調查訪談，找出這個主題在現代社會中的意義。

文史調查不容易，異鄉人在異鄉做這件事，難上加難。初期團隊登門訪問時，很多店家直接拒絕，有的委婉指點：「招牌在前面，去抄一抄就好了。」吳君薇無奈：「當時感覺很多老店是『做身體健康』的，對於未來發展什麼的並不在意。」直到某天一位頭家娘好心通知，她工作室前的盆栽已經奄奄一息。「這才驚覺大家不是不在意，而是在一旁默默觀察你，看你們這些小孩子到底想做什麼。」

放下碰釘子的尷尬，團隊不定時造訪，在次次深淺不一的接觸中，愈發感受老店的努力與堅韌，百年的存在，其來有自。幾次之後，一家茶行老闆突然提出邀請：「除了拍店，家裡要不要拍？可以進來沒關係。」吳君薇眼睛一亮：「整個大喜過望。」從被拒訪到被允許進入私人領域，其意義不僅僅是工作室團隊與社區的逐漸融合，而人與人之間最珍稀可貴的信任，更賦予團隊繼續奮勇前行的動力。

在地囝仔做在地事

傳統市場、商圈生態盤根錯節且錯綜複雜，在見域工作室經營社區跌跌撞撞的過程裡，結識了一群在地店家好夥伴，「中央形象商圈促進會」理事長呂正祥便是其中之一。中央市場與新竹都城隍廟僅一牆之隔，一九五一年正式設立中央商場、中央市場，與城隍廟前的小吃攤、西安街西門市場共組成熱鬧的商業活動區。中央市場被居民稱為「中央百貨」，什麼都有、

社造心內話

致力成為人們認識新竹的入口

什麼都賣，不只柴米油鹽醬醋茶，從出生到死亡一切生活用品也都能一併買齊，是新竹市早年最重要的百貨聚集及交易中心。但隨著超市、超商普及、消費型態改變，市場商品吸引力跟不上需求，人潮轉移，衰退的速度，快得令人驚心。

這位團隊口中的「呂大哥」九年前卸下臺商身分，於父母在新竹中央市場的攤位，販售小農蔬果食品、「文青味」滿滿的蔬果攤，又租下對面閒置的老攤位改設獨立書店，為老邁的中央市場，成功形塑了活化再造的新生氛圍。

「如果我能活到七十五歲，前面二十五年努力讀書，中間二十五年努力工作，之後的二十五年，希望做自己喜歡的事情，就是為家鄉做一點事。」有人形容中央市場採光好又挑高，冬不冷夏不熱，具備近似沖繩那霸市「國際通」商場的優勢條件，放著沒落太可惜。呂正祥認為，市場要活化，先要有人潮，於是報名社區規劃師課程，寫企劃、找經費，二〇一九年首度開辦「長桌市集」，免費提供市場內的長型走道空間，給手作、無毒農產

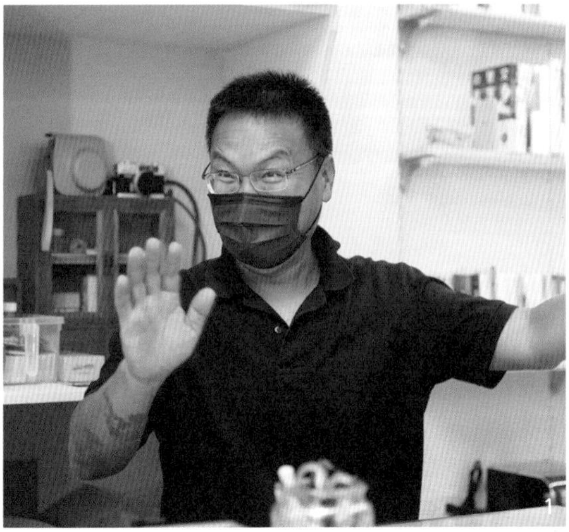

1.在老邁的中央市場裡，中央形象商圈促進會理事長呂正祥開了一間「想・做書店」。

1. 百年中藥行鴻安堂第四代謝傑然（右）、謝坤育（左）兄弟在見域的「中藥小旅行」引領遊客體驗老新竹人生活：辨藥性、求藥籤、尋藥帖。　2. 60年歷史的中央商場曾是新竹最熱鬧的商業活動區。　3. 中央市場陸續有小農菜攤、文創小賣所等潮青風格店進駐。　4. 2022年中秋節，見域團隊集結三間青創店家發行「回家坐坐」禮盒。　5. 見域將採訪內容轉化為展覽、走讀等活動，用不同角度為新竹挖掘出潛力「收聽群眾」。

品、園藝等店家，新業種新能量，吸引人潮湧進。「賣肉桂捲的，不到一小時就被搶光，隔天做加倍的量，還是賣到一顆不剩。」市場老店也十分振奮：「很久沒看到有這麼多年輕人走進來了！」

疫情之後，「長桌市集」魅力不減。呂正祥的下一步準備回歸日常，要為市場做好防火、防災應變對策。「市場都是超過五十年的『半樓仔』老建築，不能不小心。」他甚至未雨綢繆畫了一張「商戶分布圖」送到新竹消防隊，明確點出哪家有臥床病患、哪家住著半身不遂的老人：「萬一有事，人要先救出來。」

從辦雜誌、走讀導覽到辦市集，活化浪潮一路從舊城區延伸進市場，無論是見域工作室還是中央形象商圈促進會，都用創意方式告訴你：「新竹正在改變。歡迎來新竹，一起吹吹風，一起見證這場正在發生的溫柔革命吧！」

5

見域工作室

成立：2014年	電話：03-5225610
組織人數：9人	網址：www.hsin-story.com
地址：新竹市北區長安街6號	FB粉絲專頁：見域 Citilens

好故事

03

阮劇團

回家搭臺搬戲 開演屬於嘉義人的故事

文：高嘉聆　攝影：陳建豪

根植嘉義的表演藝術團體「阮劇團」除了創作，也同步進行很多戲劇推廣、青年培力、教育扎根、偏鄉演出、異業合作等等，把劇團經營與在地風土融合在一起，致力培育在地藝文種子、創造多元藝文環境。成軍近二十年，這群人透過戲劇翻轉一座城，讓表演藝術更貼近民眾，用「常民戲劇」探索社會的更多可能。

二〇二〇年十月，「阮劇團」與兩廳院合作《我是天王星》，描述歌仔戲引領風騷、電影藝術蓄勢待發的年代故事，由藝術總監汪兆謙執導，從嘉義民雄一路巡迴至花蓮、彰化、新竹、屏東、臺南及臺北，以充滿臺味的龐克搖滾又唱又跳，如野臺戲般的近距離臨場感體驗，喚起臺下觀眾的熱血青春。汪兆謙表示，《我是天王星》就像一場很精采的流水席，領銜演出的楊大正、黃鐙輝、蔡振南等明星陣容是特別主菜，阮劇團演員則是訓練精良的流水席工班，讓觀眾親身體驗了一場南部特有澎湃熱情的戲劇饗宴。

《我是天王星》中，歌仔戲與電影，兩種藝術形式與娛樂文化互相競爭也彼此拉抬，其間所面臨的衝擊、矛盾、碰撞，種種歷程，其實也是阮劇團一路走來的真實寫照。

向下扎根　培養在地觀眾群

汪兆謙坦言，劇團草創時期著重在自我探索，會做戲但不會做團，直到二〇〇九年才有了深刻體悟。那年，阮劇團進駐嘉義縣表演藝術中心，為了展現「成長」，決定「大躍進」，原本一年籌劃一部作品，改為一個月推出三部作品、十幾場演出和講座。「結果踢到大鐵板，本來一年可賣五百張票，那次十幾場演出全部還是只賣了五百張票，代表觀眾數量沒有成長。」

票房慘敗，薪水發不出來，夥伴紛紛離開，團隊形同解散，雖然跌得很痛，但也帶來啟發。汪兆謙停下腳步想通一件事：「會進劇場支持的就是固定那些人。

「阮劇團」藝術總監汪兆謙（下）回鄉做戲，跨域攜手「種種影像」創辦人王示衡（上）「國王蝴蝶」創辦人吳建銘（中）蓄積嘉義藝文量能。

1

劇團如果要在嘉義生存下去，勢必要跟社會大眾建立更多溝通，透過教育推廣，培養觀眾群，向下扎根。」

營運方式做了大幅調整，二〇〇九年創辦「青年戲劇節」，每年以為期半年的戲劇教育陪伴雲嘉南地區青少年，後來轉變為「草草戲劇節」，上百場的表演、市集、展覽、開唱、舞蹈、影展，是嘉義春季規模最盛大的藝文節慶，不論背景都能在此感受生活與藝術交會的可能。二〇一二年首部「臺語經典改編」作品《金水飼某》問世，引發觀眾巨大共鳴，開啟阮劇團全新的臺語創作路線，也激勵劇團將在地元素融入作品，更接地氣。

走出殿堂　將戲劇回歸常民需求

汪兆謙觀察到，在表演藝術產業蓬勃的

臺北，不少當代戲劇團體的演出即便與大眾生活不在同一條軌道上，還是能生存下去，但臺北能，不代表嘉義也能。「或許因為臺北基數夠大，足以撐起整個市場，但在嘉義不可能這樣做。」幸也

不幸，阮劇團選擇了一條遠離「臺北模式」的路，註定得披荊斬棘、摸索自我定位，雖然比較辛苦，卻也沒有包袱，也因此得以大膽做點不一樣的嘗試。

二〇一八年進駐嘉義文化創意產業園

1.《我是天王星》劇照。 2+3.「草草戲劇節」是阮劇團發展「嘉義模式」的開始。（1-3.阮劇團提供）

社造心內話

慢，最快。

區設立「新嘉義座」，推出的旗艦製作《十八銅人臺語仙拚仙》便突破鏡框模式。靈感來自於臺灣早期流行的街頭表演形式，包括王祿仔仙、打拳頭賣膏藥、雜耍等等，加入臺語答喙鼓（tap-tshuì-kóo）元素，每季邀請四位不同領域的表演人士參賽，針對主題使出渾身解數、盡情展演，臺下則由表演專家、臺語學者、地方耆老擔任評審，於每季選出冠軍表演者，是個笑聲不絕的擂臺賽。

「觀眾隨意找個舒適角落坐著看戲，一般劇場禁止飲食，我們則是鼓勵吃喝，輕鬆看一場有意思的演出。」

汪兆謙還把「鄰居」一起拉進來。新嘉義座隔壁的「勇氣書房」，是心靈充電的獨立書店，每有演出，隔開兩個空間的門會打開，觀眾一律由勇氣書房出入，宛如

1.在「新嘉義座」，觀眾可以在老酒廠裡輕鬆看劇。 2.阮劇團藝術總監汪兆謙。 3.新嘉義座之名源自1909年嘉義成立的第一座戲院「嘉義座」，延續了打開在地文化交流空間的核心意義。

藝文客廳，開演前散場後，觀眾在書店逗留、消費，形同集客作用，反之，如果勇氣書店舉辦大型講座需要場地，也會尋求新嘉義座協助，雙方建立了互助支援的默契。

串聯夥伴補藝文缺角 用影像教自己人說故事

一起打拚的夥伴還有「種種影像」。創辦人王示衡選擇回「嘉」創業，除了想把藏身於街巷的故事，有溫度地記錄下來，也希望推廣影像教育，期待創造更多對話空間。他表示，相較於大都會，嘉義地區長期缺乏人文的、脈絡的影像紀錄，團隊深耕地方，企圖補齊缺角，累積了相當的常民故事，無形之中在內心建立深刻的地方情懷，不禁讓他思考，如何

2

3

1. 王示衡用鏡頭記錄嘉義的故事。 2. 健談的吳連銘，對嘉義這幾年的蛻變感受深刻，藝文能量滋養了這座城市。
3. 國王蝴蝶咖啡講究，背後隱藏著職人對嘉義的心意，啜飲一口，拉近人們與在地的距離。

將這份對地方的認同感擴散出去？影像教育推廣，或許是一塊敲門磚。「並不是把人訓練成拍片高手，而是透過記錄生活日常，培養說故事的素養、美感與能力。」他的目標是已經或年屆退休的壯世代人口，透過掌握鏡頭，擾動一成不變的生活，日常裡再度有了重心，不僅找回成就感，也再次認識嘉義的美好。

呼朋引伴　用嘉義的方式愛嘉義

攜手並進經營地方的，還有同樣位於嘉義文化創意產業園區內的「國王蝴蝶」，這裡的拿鐵有嘉義東市場的手工米麩、麵茶，喝得出滿滿的在地心意。汪兆謙認為，各個地方團體不一定要有「很實質」的合作關係，但彼此之間的精神支持、理念相挺，對地方工作者來說很重要。國王蝴蝶創辦人吳連銘在嘉義深耕十三年，也發現在地店家之間很少有競爭感，更多的是同理與支援。「像是疫情期間大家都辛苦，你來我這裡喝咖啡，我去你店裡吃咖哩，互相應援，一起努力撐下去。」

從阮劇團到勇氣書房、種種影像、國王蝴蝶，這群人愛嘉義的方式很團結也很實在，創新與傳統相倚，奔放與內斂並行，踏著不慢不快的步伐，要讓地方長成適合生活的樣貌、一個共好的溫情所在。

阮劇團

成立：2003年	電話：05-2255898
組織人數：28人	網址：ourtheatre.net
地址：嘉義市西區中山路616號W棟3F	FB粉絲專頁：阮劇團 Our Theatre

好故事 04

音樂米創意產銷企業社

來去「迺」菜市 轉譯空間風土味

文：蕭玉品 攝影：張界璁

一般來到宜蘭的遊客，出了宜蘭火車站，不是左轉直驅幾米廣場，就是右轉準備去逛東門夜市。但「音樂米創意產銷企業社」創辦人、人稱「少年阿公」的方子維，卻喜歡帶人直奔光復路，一探南館、北館市場的究竟。「菜市場能看見和體驗的，和你想的不一樣！」他說。

爸媽在南館市場經營服飾店逾四十年，三十八歲的方子維自小在市場裡長大，中正大學行銷管理所畢業後曾前往澳洲、日本打工數年，看見不同國家的產業發展，讓他開始思索著如何以一己之力，為家鄉市場漸趨沒落的困境找解方？返回家鄉宜蘭後，他先租地、整地、成為青農，親身感受大地的溫度。「我真捨不得農村、市場在現代潮流中日趨沒落。」他說，既然菜市場在「產地到餐桌」旅程扮演重要的中繼角色，那麼，何不讓菜市場成為人們了解農業及市場傳統產業的入口？二〇一八年，他便以南北館為場域，展開「來宜蘭迺菜市場」特色導覽，帶領人們認識宜蘭，拉近與市場文化的距離。

比逛紐約博物館更感動

南館、北館市場前身是一九一二年（明治四十五年）啟用的宜蘭市場，攤商雲集，當時是宜蘭最大的市場，一九三六年（昭和十一年）年營收為臺灣北部公設市場第二名，僅次於臺北市永樂町（大稻埕）市場。一九三七年宜蘭仕紳積極推動宜蘭街升格為宜蘭市，街道規劃開始都市化，一九三九年為了拓寬宜蘭火車站前的光復路，將宜蘭市場中央棟拆除，南、北兩棟保留下來，即今日的南館、北館市場，並逐漸發展出不同的樣態。南館市場有不同於桃園大溪豆干、專屬宜蘭的「豆腐類型學」，各類攤商林立、吆喝熱情；北館市場則專賣糕餅點心、青草藥和種苗，不時有販售小雞、小鴨的攤位，

上身紅黃色棒球帽、白汗衫，搭下身西裝褲、止滑拖鞋，再掛個茄芷袋，是方子維的「標配」。

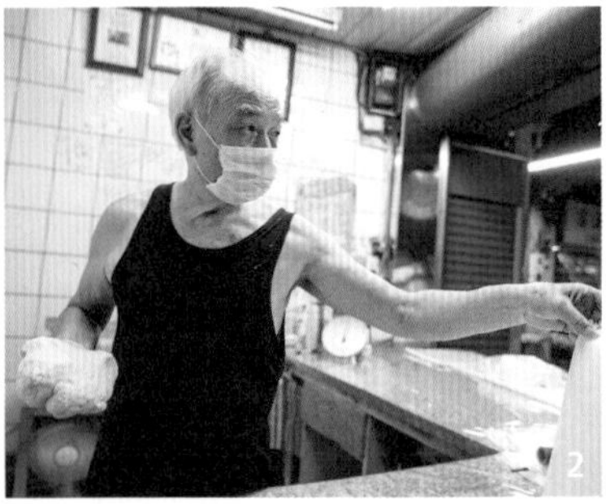

1.方子維認為，菜市場是了解在地農村的最佳據點。 2.春捲伯王志謙的百年老店，是市場裡的寶藏。 3.「宜蘭糕餅」相當出名，北館市場仍保有專賣的點心攤。 4.在南館市場裡，豆腐是一種專門學科。

偏向日式商店街風情。方子維希望帶領遊客看見不同的市場面貌，體驗各種遊逛樂趣。他總也不忘復刻「臺灣農夫」形象，穿上廟會常見的紅黃色棒球帽、白汗衫，搭配西裝褲、止滑拖鞋和茄芷袋，在市場裡自在走踏，「少年阿公」的模樣，成了市場一景。

就在持續挖掘在地傳統、職人故事下，邊走邊玩的「來宜蘭迺菜市場」課程一一誕生。遊客可以在北館營運超過百年的公平號前駐足，看著第三代傳人、耕耘近六十年的春捲伯王志謙，展現職人手藝；或是走進經營超過五十年的「大明青草店」，聽人稱「魔法阿嬤」的老闆娘吳秀玲介紹咸豐草、苦藤的功

社造心內話

不要只想著打掉市場、重建，
歡迎加入我們推動「市場學校」的行列，
別讓傳統市場消失！

4

用，一邊為客人「點評」抓藥。近年吳秀玲開始和返鄉接班的女兒一起指導學員製作藥草防蚊包，讓藥草更貼近日常生活，市場之旅更生動有趣。

遊程午餐宛如市場美食的大集合，春捲伯手作的春捲皮、方子維種的米和方媽媽做的洋蔥炒蛋，加上市場買來的豬頭皮、鴨肉，包成手作飯捲，料多味美；下午再前往市場頂樓，在全宜蘭唯一主祀註生娘娘的南興廟裡，學做草藥防蚊包、植物染或手打魚丸，一日課程讓身心靈都收穫滿滿。

逛市場的過程中，因與攤商小販密切互動，便曾有國外旅客逛完市場後，直呼找到小時候和阿嬤走踏市場的回憶；也有人告訴方子維，世界各國都有市場導覽，南北館卻是他心中最有人情味的菜市場。「還有人說，比逛紐約博物館更感動！」方子維笑著說。

攤商變身導覽員 找到另類成就感

市場是社會的縮影，利益結構複雜，方子維如何打入在地、讓攤商認同，進而願意一同參與？

「家人是最大後盾。」他笑稱爸媽在市場做生意，人和無虞，加上媽媽廚藝精湛，收服攤商叔伯阿姨的胃之後，一切都好說。他也把身為創作歌手的太太拉來擔任導覽員，帶著學員邊走讀邊吟唱自己創作的市場之歌，特別有感。

在南館市場裡，可以聆聽有關「豆腐類型學」的新知。市場的許多職人，在崗位上兢兢業業，最終做出令人唇齒留香的傳統美食。午餐時分，可以享用由在地農產、市場小食包成的自製飯捲。

「更重要的，是吸引市場長輩參與。」

1.午餐時分，可以用現烙的春捲皮、油香的鴨肉或豬肉與方媽媽炒的配菜自製美味飯捲。

方子維從不對攤商說「社區營造」、「地方創生」等嚴肅名詞，只請託大家對學員介紹自家產品、回答小朋友的提問。春捲皮師傅王志謙在市場工作近六十年，是其中極樂於分享，甚至願意讓學員站上工作檯親手製作的資深攤商。曾有參加過課程活動的小朋友，再次來到市場時，特別向父母指名：「過年要吃的春捲皮，一定要在這裡買！」可愛舉動讓王志謙打從心底笑出來：「現在年輕人買菜都去超市，對傳統市場缺乏認識，很希望透過這樣的活動，讓下一代從小就認識、接觸傳統產業，甚至未來樂意成為市場裡的職人。」他說：「所以只要有人願意做振興市場的事，我們都樂於參與。」

羅東社區大學校長吳國維指出，宜蘭有超過兩百個社區，長期以來面臨高齡化、年輕人外流的困境，且缺乏社區營造、共同議事的概念，事務經常由理事長或總幹事決定。他認為南北館市場有自治管理會、有組織，其實也是一個大社區。「音樂米推動的課程、遊程，加深攤販之間的連結，有助於推動整個市場發展，讓未來有願景可以期待。」吳國維觀察到，現在攤商面對顧客不忘展露笑容，並將攤位打理得整潔明亮，對自家產品也更有信心，正是推動社區改造的成果之一。

觀光結合教育　學習旅行饒富特色

對於目前市場導覽課程的營運模式，方子維想得清楚。「我們做的是學習旅行，也就是『觀光結合教育』。」他強調，教育就是最大的產業，因此團隊也積極走入羅東社區大學、羅東高商、宜蘭高中等校園，開發教材、錄製線上影片、舉辦教師研習，提倡食農教育，讓餐飲科、觀光科、修習社會學程等跨領域的學生，到菜市場聽導覽、體驗，學生會填寫回饋單，或以傳統市場、地方創生為題，發展小論文、專題研究，培養對傳統市場的認識與認同。

羅東高商秘書簡瑛欣認為，以往學生參與食農教育，會到源頭生產端的農村體驗農事，卻沒有機會進入傳統市場，站在第一線，用在學校學到的技能與攤商、消費者對話。「羅東高商是技術型學校，若學生能直接到傳統市場學習行銷知識，對未來的職涯發展很有幫助。」她認為，音樂米引領市場集合更多新力量，帶領遊客、學生甚至企業團隊從市場出發，未來還能再往宜蘭舊城、城隍廟、文昌廟走，發展成系列遊程。「當旅客停留的時間拉長，不僅更理解宜蘭的風土、人情味，也會帶動地方經濟效益。」事實上，羅東社區大學、羅東高商的市場課程已經從南北館市場擴及羅東的民生、開元市場。

目前「跟少年阿公逛菜市場」遊程已上架KKday、KlooK等旅遊平臺，新冠肺炎疫情阻礙了國際遊客來宜蘭逛菜市場的腳步，團隊因而更加戮力深耕國旅，持續充實課程，讓音樂米成為大東北角觀光圈裡的亮點夥伴，也期待當國門重開之時，更有自信迎接外籍遊客的到訪。

音樂米接下來計畫修復南館市場內的荒

音樂米創意產銷企業社

成立時間：2017年
組織人數：4人+全體南北館攤商
地址：宜蘭市昇平街20號
電話：0912-420831
網址：www.MorningMarketYilan.com
YouTube頻道：少年阿公
FB粉絲專頁：Morning Market Yilan

廢老戲院，找回上一代宜蘭人休閒、約會、談戀愛的往日生活回憶。「空間、地方從來沒有不見，關鍵只是如何將裡頭的記憶找回來，並轉譯出更好的新滋味。」

1+2. 方子維期望成為轉譯市場語彙的橋梁。

台東製造

我在臺東 我驕傲！

撰文：李雅伶　攝影：古偉浩

農業、觀光業在臺東發展興盛，只是產業規模雖大，變化性卻相當有限。「台東製造」努力找出其他可能性，透過行銷，重新論述產業與地方故事，以在地人的方式參與城市發展，也讓外地人對臺東留下深刻印象。台東製造創辦人廖祐笙說：「做社區的事，讓我們對地方認識更深，在地生活也更有厚度，更具意義。」

臺東幅員遼闊、族群多元，大山大海溫柔地包容各種個性及不同價值觀的住民，蘊含著多樣發展的無限可能。廖祐笙從小在臺東長大，外縣市工作打拚多年後返鄉，以異鄉遊子的視野重新回望這片土地，才發現自己對臺東了解有限。「如果連在地長大的孩子都不了解臺東，又如何去和外地人真心分享臺東生活的獨特和美好？」

從一年三百六十五天的三百六十五篇貼文開始

二〇一五年，廖祐笙與太太余岱珈決定回家，以僅有的兩個人加上電腦、相機，每天在網路上貼文介紹臺東，一年三百六十五天，就是三百六十五篇，希望建立接地氣的臺東旅遊資料庫，以及連結在地資源的平台，就這麼開展「台東製造」之路，期盼藉由網站內容，建立人們對臺東的初步印象心理準備，進而自然發現臺東的好。他深信，人們對地方的認同度提高，就會更願意深入探索，進而讓旅行的經驗更豐富精采。

1.大山大海的臺東，充滿各種發展的無限可能。（台東製造提供） 2.「台東製造」用鏡頭與文字挖掘在地生活的精采點滴。

廖祐笙與太太余岱珈返鄉挖掘故鄉特色。

像部落客般天天寫開箱體驗文，用鏡頭與文字挖掘在地生活的精采點滴。透過深入訪談結識在地業者、建立人脈，雖然好玩卻完全沒有收入來源，夫妻倆還被爸媽笑稱是「臺東智障」。「臺東人常說：『慢慢活，快快死！』意思是慢活的臺東很好生活，但不易謀生。」以台東製造來說，不僅是青年創業，並肩負帶動社區發展的創生使命，執行者要有多重能力、不斷斜槓並設法突圍。

創業初期為了存活，從業配文、刊物設計出版、影片、活動……什麼都做，到現在有多方主動合作的邀約。隨著案源及合作的增加，平臺的資訊含金量更高，也不斷進化、延伸服務項目，往更遠大的方向找路。

從創業到社造

不少外地廠商做完案子就走了，台東製造希望能以在地人的方式，參與社區發展，推動城市往更好的方向前進。

臺東農產品品質出眾，但普遍缺乏包裝能力、對市場端的認識有限，台東製造想辦法補位，找到開拓市場的可能性。包括為關山小農南島秧滿田的米標進行設計，把在地一年一度提燈籠、走稻田、巡水圳的場景、關山天后宮和日式老屋、鐵花窗化為設計元素，小小的米標承載了豐富的地方故事。讓買米的人因為包裝設計和地方產生情感的連結。

原住民產品多為樹豆、小米，差異並不大。對布農族來說，若有貓頭鷹停在屋頂上，就代表會有喜事發生。他們就

社造心內話

臺東製造了我們，
現在換我們來製造臺東。

把貓頭鷹圖案結合在初來部落的產品包裝上，為原來不起眼的產品增添幸福的寓意。也曾採訪以部落野菜製成的「野菜皇后」手工皂，透過文字協助宣傳行銷，讓更多人感受台東的自然與純粹。

二〇一九年透過文化部圓夢計畫，出版《這麼可愛，一定是台東孩紙》一書，以剪紙方式呈現臺東十六個鄉鎮的特色，刻劃地方深度，記錄臺東的美好。廖祐笙如數家珍：「臺東市有鐵馬道、老街；

1.運用鐵花窗、老屋等元素，為小農「南島秧滿田」設計具在地性的米標。　2+3.「野菜皇后」以在地野菜入皂。（1-3.台東製造提供）

延平鄉有會走路的樹以及知名的紅葉棒球隊；在卑南鄉則刻出情感連結的美麗花環。」「做社區的事，讓我們對地方認識更深，在地生活也更有厚度，更具意義。」

跨足電商與旅行 深化服務內涵

二〇二二年成立「台東製造商號」，架構完整平臺，把具有臺東強烈特色的產品藉由電商平臺展現，連結消費端和供應者，將網路流量化為實質收益。例如為了協助延平鄉公所解決鳳梨盛產的問題，以「夢萊鳳梨」為名，象徵「夢想之所在」，接著拍攝形象照，趕製視覺設計小卡、協助農民接單及後續物流，短短二十天內居然賣出三百箱約二．三公噸的鳳梨，更成功賣進臺北捷運、台泥等單

1

位，打下漂亮一役，後來臺東的臍橙、釋迦也都透過電商平臺銷售，戰績不俗。

有位九十多歲的阿公會揹著阿嬤手工製作的山豬毛掃把在路上兜售，當地稱為「掃把人」，因為手感好也很好掃，廖祐笙就以原價收購，放上平臺銷售。「即使沒賺什麼錢也沒關係，只要是臺東好物，就要努力經營推廣。」廖祐笙說。

團隊也與知本老爺酒店、KKday合作推出導覽行程，串聯臺東街區，深入爬梳地方歷史，走訪老地方、欣賞老物件、聽老故事，為遊程製造特有的臺東祕境感。

像是安慶街上一幢古典氣派的白色圓弧形店鋪，是臺東傳奇建築師呂阿玉充滿個人風格的建築作品。正氣路「東昌帆布行」出名的帆布包，其實是將建材餘料「廢料利用」製作泳衣防水袋的創意

1.《這麼可愛，一定是台東孩紙》以剪紙藝術呈現臺東特色。 2.夢萊鳳梨為農民賣出希望與夢想。 3.純手工的天地掃是臺東的老派好物。（1-3.台東製造提供）

結合，意外吸引觀光客愛不釋手；民國七〇年代開業至今的「阿桑剉冰」，一邊吃冰一邊聽老闆曾身為樂師領班的豪氣與堅持，格外美味。和平街是昔日的百貨大街，「五福百貨行」曾是當年臺東的流行指標，聽老闆說故事，也能遙想當年後山的滿城風華。

累積在地認同及地方話語權

台東製造網站已累積一百三十萬文字、近兩百支影片、照片近十二萬張，每月三十萬瀏覽人次。網站流量累計已達兩千六百萬人次，開站最初外地人占九成，現在則有三成是臺東人瀏覽，顯見本地人愈來愈關注本地生活。像炸寒單就是臺東特有的傳統文化儀式。對老一輩臺東人來說，看完炸寒單才算是真正過完年，「這就是正港的『臺東特色』。」藉由多篇寒單爺活動介紹，以臺東人的方式記錄臺東的生活，也吸引更多人認識臺東，愛上臺東。

廖祐笙笑說，從早期身為臺東人莫名的自卑，到如今「什麼？你沒來過臺東？」的在地自豪感，很能明顯感受到臺東這幾年來的劇烈成長及轉變。近來有愈來愈多社區、地方經營團隊出現，他們樂觀以對。「每個人都推動一點，讓進展更快、更好，一起發掘這座城市更多美好的可能吧！」

台東製造

成立：2015年	電話：0963-148485
組織人數：6人	網址：www.zztaitung.com/contact-us
地址：臺東縣臺東市強國街166巷3號	FB粉絲專頁：台東製造

1.「炸寒單」是臺東獨樹一格的傳統宗教儀式，極具文化旅行魅力。　2.榕樹下的冰店攤車從民國70年代創業至今。（1-2.台東製造提供）　3.安慶街上的白色圓弧形店舖，是呂阿玉充滿個人風格的建築作品。

Community Revitalization

PART

II

新感官

用美學

激發土地想像

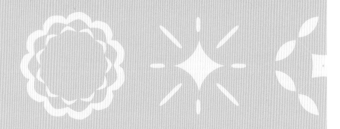

- 基隆 星濱山共創工作室
- 彰化 instant 42 藝樂肆貳行
- 高雄 台青蕉香蕉創意工坊
- 金門 村復號

新感官

06

星濱山共創工作室

用藝術寫下土地與大海交會的故事

文：周培文　攝影：王星鑑

基隆市正濱漁港近年因岸邊的彩虹屋聲名大噪，其實在此之前，就有一群有著共同理念的年輕人，成立「星濱山共創工作室」，投身正濱漁港社區的再造，透過藝術共創的方式，激盪出不一樣的火花，成功活化在地動能。

1. 正濱漁港西側的「田寮澳」曾被填平作為魚市場，如今只能在舊漁會大樓外緣看到屋緣遺痕，以及小型漁船停靠。
2. 曾為北臺第一大漁港的正濱漁港，處處充滿歷史軌跡。（1-2. 星濱山共創工作室提供）

帶動東北角廊帶觀光動能

基隆正濱漁港在日治時期是臺灣第一大漁港，漁船密集度甚至可讓港口兩頭的居民「踩著船走到對岸」，蓬勃的漁業帶動周邊商家與產業一起蒸蒸日上；也曾是金瓜石金礦的輸出母港，鍍了金的身分，讓正濱漁港成為彼時的黃金港。

隨著社會轉型，漁業沒落，為讓老漁村活絡起來，基隆市政府自二〇一八年起推動懷舊碼頭色彩示範計畫，一幢幢色彩繽紛的老屋活化了在地視覺，成為最夯打卡點，被網友認為有幾分義大利布拉諾（Burano）小島的氛圍，也讓正濱漁港周邊的觀光人潮再現。

無論在地人或觀光客都發現，整個漁港與社區都有些不一樣了，除了十六棟彩色

色彩繽紛的老屋讓正濱漁港成為觀光新寵。（星濱山共創工作室提供）

1. 林書豪與星濱山共創工作室用文創深耕正濱漁港。　2. 基隆社區規劃師吳宜晏認為，林書豪點燃正濱漁港社區的活化引信。　3. 2018年「苔客上岸——正濱港灣共創藝術節」在港邊舉辦音樂派對，開啟漁港新玩法。（1,3. 星濱山共創工作室提供）

屋，還包括在地港口社區集體記憶、時光遺痕與歷史脈絡都被梳理再現，此外，鄰近的和平島西班牙諸聖教堂考古遺址現場、阿根納造船廠遺構歷史、歷史建築漁會正濱大樓等景觀再造，也讓整個基隆東北角廊帶的觀光動能被激發出來。

從非在地到在地

這其中除了基隆市政府的資源投入，民間力量更是功不可沒，其中關鍵人物就是二〇一七年進駐正濱漁港的「星濱山共創工作室」。

「在地居民習以為常的風景與事務，在外人眼裡可能是無價之寶。」創辦人林書豪出身新北市，卻對正濱漁港特別有感。曾在日本瀨戶內國際藝術祭實習的他，發現正濱漁港與日本瀨戶內海小島上的漁村有類似ＤＮＡ，便以日本經驗為本，希望發掘正濱漁港蘊藏的時光能量，帶給這個港灣社區更多不一樣的可能。

基隆社區規劃師吳宜晏觀察，臺灣人向來重視「在地」身分，外來者想深入村里社區做點什麼，得蹲點更久。林書豪回憶，初到正濱漁港人生地不熟，所幸爭取到文化部「青年村落文化行動計畫」的補助挹注，二〇一七年開始與幾位包含藝術、動畫、音樂、插畫等領域的青年朋友展開當地文化的田野調查，與在地居民、職人、地方耆老進行訪談，了解漁港百年歷史，同時累積在地人脈與情感。「對社區工作者而言，這『蹲』出來的能量，是相當重要的前期準備。」吳宜晏說。

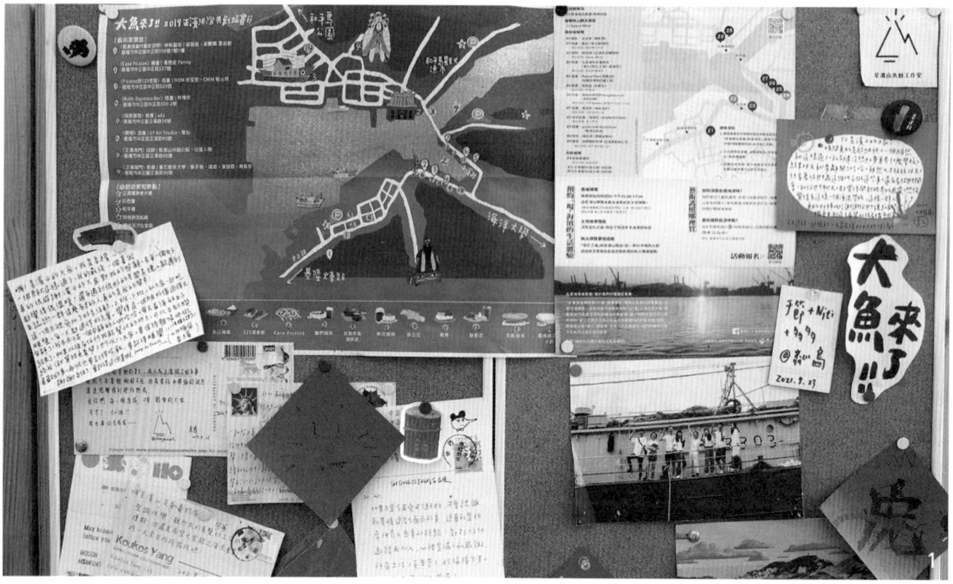

1. 2019年「大魚來了——正濱港灣共創插畫節」為漁港留下精采的作品與回憶。

藝術策展擾動　活化漁港社區

「雖然正濱漁港與周邊社區的發展脈絡與藝術毫無關聯，但我相信，只要有人居住，一定都有屬於在地的獨特趣味等著被發掘。」林書豪強調，藝術工作者必須了解在地歷史演化的過程，並且與在地居民互動、學習、溝通，才能透過藝術作品，展現地方特色，而創作過程的互動經驗，點點滴滴都會成為雙方日後溝通上積累的養分。

二〇一八年成立星濱山共創工作室，隨即成功催生「正濱港灣共創藝術節」。這是全臺第一個港灣共創藝術節，為了展現正濱漁港的文化底蘊，當時林書豪邀請九位當代青年藝術家與在地居民共同創作，在漁港進行作品展演，另外還有主題活動、港灣再生講座、手作工作坊、港灣小旅行等。漁港周邊的閒置空間於展期重新打開，社區廣場與巷弄也會透過互動聲音與光景進行妝點，讓歷史場域與當代作品在港灣社區美麗邂逅。

最吸睛的作品，莫過於如今在港邊仍能看到的「彩色搬針」。「搬針」原本是用來吊掛漁船上架或將機械吊上岸維修的機具，但隨著修船技師們退休，搬針幾乎不再被漁民使用。在創作的過程中，一名搬針技師邱松枝師傅也參與了本次共創活動，為搬針換上彩色新裝，讓老舊的搬針搖身一變成了「彩色長頸鹿」。

二〇一九年延續熱度，正濱港灣共創藝術節主題定為「大魚來了——正濱港灣共創插畫節」，透過插畫家駐港繪本創作計畫，把漁港的記憶轉化成美好的圖像與故事。團隊邀請到五位新生代青年插畫創作者與在地學校及廟宇社群，共同完成五件駐港創作插畫作品，展現漁業、社區、漁產、市場、節慶等地方人物和店家故事。連兩屆正濱港灣共創藝術節以不同形式，記錄百年漁港樣貌，延續老漁港的生命力，更凝聚港灣新的創意能量，讓社區成為一座「文化行動博物館」，外溢效應甚至影響基隆，讓整座城市醒轉躍動，如今正濱港灣共創藝術節已不只是正濱漁港的盛事，也成為基隆市民引頸期待的地方共創活動。

藝術共創　永續地方

二〇二〇年受疫情影響，正濱港灣共創藝術節暫停舉辦，但團隊的工作依然如火如荼，包括設立「星濱海港學校」，持續透過各種小規模活動，如：「漁網設計工

社造心內話

一起透過創意，
發揮生活的未來想像！

作營」、「山雨海校地」等系列工作坊，以及「山丘探險」、「植球對決」等走讀活動，保持在地動能。疫情蔓延，在史上最冷清寂靜的夏天，團隊大膽開創「永畫海濱美術館」地域品牌，建立創作和創業二者之間的共融關係，並在其中一棟彩色屋「Space Moor」設置「永畫海濱美術館」的基地，透過藝術、教育以及地方故事整合，構築一座全年都可造訪的美術館。

熬過疫情，社會漸趨復甦的二〇二二年，基隆城市博覽會起跑，將正濱漁港列為四大展區之一，在市府主導下，各種大小藝術活動延續正濱港灣共創藝術節的聲量，成功吸引巨量觀光客造訪。星濱山團隊規劃的第二屆永畫海濱美術館也順利開展，藉由藝術家以插畫描繪基隆山丘的自然環境、人文生活和產業風景；並透過社會行動方案，實際走入街區與居民互動，記錄港區常民的生活日常。同時媒合正濱漁港周邊屋主與基隆店家、團體合作展覽，將經濟活動引入正濱漁港，創造在地收益。

以藝術策展為平臺，在地永續為目標，強化街區合作，不僅提供展場空間，也持續創造適合青年創業的環境。林書豪眼神炯炯：「希望融合飲食、設計、漁業、祭典，結合藝術、學校、社區、社會，讓正濱漁港成為一個『沒有邊界的美術館』，使藝術成為永續地方的能量！」

星濱山共創工作室

成立：2018年	電話：02-24636930
組織人數：11人	網址：www.zhengbinart.com
地址：基隆市中正區中正路393巷30號2樓	FB粉絲專頁：星濱山-正濱港町藝術共創

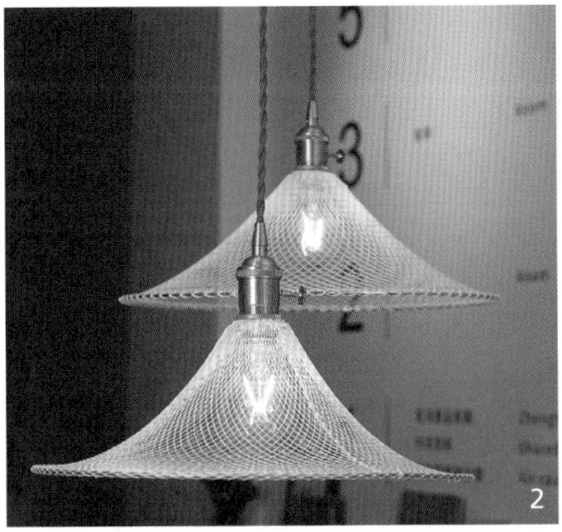

1.「永晝海濱美術館」串聯在地店家，打造無邊界的美術館。 2.以漁網製成美麗的燈具。 3.藝術共創工作坊：插畫家夏仙與和平島社靈廟共同創作《海上的橋》，描述在地人們因信仰而合力完成王爺遊江民俗活動，如同合力搭起的隱形橋梁。（1,3.星濱山共創工作室提供）

instant 42 藝樂肆貳行

大佛下的藝術堡壘

文：李佳芳　攝影：王士豪

這群人努力將藝術融入社區，鼓勵藝術家站出來用創作發聲，激發返鄉青年創建藝術群聚，進一步帶動雜貨店老闆、傳統理髮廳、小吃店老闆等街坊鄰里共襄盛舉，漸漸組織成一支超強的「卦山力戰鬥隊」，推動「卦山力藝術祭」（Baguashan Power Art Festival），在大佛之下，成功打開嶄新的文化生態領域。

步上卦山里，山坡旁的七〇年代公寓型聚落，普通的住宅風景裡有不凡的雅致氣息，走到路底，涼亭後的大牆壁以及南郭坑溪溪畔的木棧道也有彩繪作品……因著點點滴滴細微有趣的角落，使得日常的散步變得有趣，這都要歸功於巷子裡「一個自家空間的藝術計畫」，藝術家葉育君所成立的「instant 42藝術空間」。

沒落觀光地的超強變形記

葉育君出身於彰化縣和美鎮大家族，在家族薰陶下走上藝術路。二〇〇一年赴法留學，專研行為藝術、錄像裝置、聲音表演，八年後返臺，在非藝術空間練習促動藝術行為，在美術館外的世界另闢戰場。二〇一〇年駐村寶藏巖國際藝術村時，發起寶藏皇宮青年旅舍計畫；兩年後

1.南郭坑溪溪畔的《爺爺過生日》壁畫創作融入了在地生活情景。 2.藏身在70年代公寓型聚落「卦山村」裡的青年創作能量，串聯出卦山藝術祭的藝術熱潮。

葉育君（左二）把藝術導入社區，使無聊的山壁活潑起來。

在蘆洲成立「instant 42藝術空間」，初步有了將展演、工作坊、藝術家進駐複合為一的想法。二〇一七年，夥伴陸續歸國他去，加上房租到期，她心想：「這不正是返鄉的契機嗎？」決定移師回老家彰化，重新開始。

「一路放電音往南衝，這趟未知的旅程讓我非常興奮。」一卡車載回家當，葉育君揮別臺北，前往待開發的藝術漠地，興奮到忘了第一場活動開幕可以邀請誰，冷靜下來才發現：「我所有朋友都在臺北啊！」

號召夥伴走上偉大航路

闊別已久，葉育君與故鄉人相見不相識，遑論打進社區。「感覺這裡有一群群不同的小團體，大家的面孔都有一點模糊，有點陌生。」作為自己落地的第一步，她想到在法國巴黎賽吉美院上過的RCA藝術課程（Rechercher, Art, creation），以此為靈感展開Lab42計

1

1. instant 42在展覽空間掛上青年們所勾勒的行動版圖。 2. 街坊與青年組成的卦山力戰鬥隊！（instant 42藝樂肆貳行提供）

畫，試著號召學生、業餘者共同討論、學習、創作，以instant 42為匯聚核心，打造彰化的藝術平臺。「我想像instant 42就像一個群組，對所有不同領域的人開放，回到彰化想做什麼事或想認識朋友，這裡就像返鄉青年的入口網站，隨時歡迎你、並且可以幫助你。」

二〇一八年她透過文化部青年村落文化行動計畫補助，發起彰化社區培力計畫，期盼建立一條從田野到創作的路徑，找來當時就讀臺灣大學城鄉研究所博士班的高郁婷、「紅絲線書店」的老闆林虹汝、彰化返鄉文學家陳育萱、「盜火劇團」的團長劉天涯來幫忙，舉行田野、閱讀、書寫、記錄劇場工作坊的四部曲活動。「那時社區的西斯理髮店阿姨，還有曹園涼麵、大原蒸餃、包子店與雜貨店的

社造心內話

從內而外擴大影響力，
享受每個過程當下。

1

老闆都來幫忙或演出，也有退休老師協助統籌志工……後來擴大演變成卦山力藝術祭，完全始料未及！」笑說自己一股腦兒熱血往前衝，轉身回頭才發背後已有一票人跟隨，簡直是草帽魯夫（日本漫畫《ONE PIECE》主角）與他的海賊夥伴，偉大航路就在眼前了！

青年藝術熱潮席捲大佛觀光區

「卦山力藝術祭是一個從在地故事與土地力量發展出來的藝術祭，核心精神就是：尋找彰化人的力量。」當時面臨中部藝術行政與策展人才缺乏，instant 42在臉書粉專、社團、志工招募等廣發英雄帖，第一年招募了兩位大葉大學畢業實習生，以及知名蔬食咖啡館「The planet星球咖啡」、水泥文創商品品牌「解憂設

1.與盜火劇團合作的紀錄劇場《英雄的旅程》，用身障者的視角帶領民眾感受與思索他們的需求。（instant 42藝肆樂貳行提供） 2+3.林依萱與林建呈共創的「Sēn yi 森一空間」，也讓表演空間從「卦山力藝術祭」延伸到日常展演。

計」加入，第二年起陸續有多位返鄉及留鄉青年響應，二〇二一至二〇二二年拜「打造一支卦山力」戰鬥隊的超強策展與行政培力之賜，又增加不少生力軍，成功把不同世代的人集結成為卦山力工作群。「我撿到好多寶。」葉育君樂得像個結交到好多新朋友的孩子。

在藝術祭支持下，所有投入的夥伴們都有大幅度成長。其中負責召集職人市集的解憂設計創辦人許晉榮，透過藝術祭建立在地關係，接手美學生活聚落「卦山村」村長一職後，更成為instant 42及卦山力藝術祭的強大支援火力。他說：「大家一起做、一起扛，就像農業社會的放伴（pàng-phuānn），做著做著就長出新的可能，過程中我們也都進化了。」

駐在卦山村的藝術家們，成為instant 42

延伸能量的線纜，在非藝術祭期間，依然向地方持續發電。從卦山村二樓的空中斜梯接往神祕的「Sēn yi森一空間」，這個由Jaomas Photo Studio負責人林建呈與IMMA Photograpy負責人林依萱共同主理的白棚空間，既是商業攝影場地，也是展演替代空間，是instant 42經常使用的場域之一。這兩個不同領域的創作隊伍，因合作舞蹈家許庭瑋的「日日借駐計畫」而結識，彼此以藝術互相支持，齊力將日常觀光景點轉化為別具風格的藝術聚落。

彰化文化力 愈碰撞、愈發光

談起這從無到有的一切，藝術祭合作的藝術家姜鴻逸直說不可思議，他猶記得第一次踏入instant 42，只覺得神奇：「因為彰化地區的當代藝術工作者大多仍停留在傳統的圈子，幾乎每個藝術家都是孤鳥型的人，沒有這樣的團體。」為了生存，他接手家裡畫室經營的工作，但心中始終難忘對創作的熱愛，當受邀加入藝術祭共創行列時，頓時激起他在研究所時期寫橋邊美學論文的記憶，進而催化了《爺爺過生日》繪本的誕生。

繪本宛如他生活在南郭坑溪旁童年記憶的重現：橋上來去的軍車、手推小吃的味道、出巡的七爺八爺……姜鴻逸指出：「透過藝術共同想像、發掘記憶，就像用攝影鏡頭將人事物進行縮時攝影的感覺。」重新投入創作的他再次回顧了自己的生命，也欣喜在藝術祭中，不同世代的人都能得到共鳴。「藝術祭成功創造了一個讓大家相聚、深入談論、彼此互助的平臺。」

instant42藝樂肆貳行

成立：2013年	電話：0983-555720
組織人數：3人（藝術祭策展團隊5-10人）	網址：www.instant42.net
地址：彰化縣彰化市卦山里大智路38號	FB粉絲專頁：Instant 42、卦山力藝術祭

1. 卦山力藝術季讓創作展演重新回到家門巷口，讓藝術賦予生活的力量重新生長。（instant 42 藝肆樂貳行提供）

葉育君表示，彰化曾是「臺灣文化協會」很重要的基地（註），這個存在臺灣一百多年的組織，催生無數文學家、藝術家、社會運動者，「以前的彰化是很文藝前衛的，不是現在大家所以為的保守小城。」她深信那股力量還在民間，更想深入去發掘。

卦山力藝術祭至今仍以半公益性質舉行，每年仍有五到十萬元的虧損，但這一群素人及專業策展人已逐漸得到認同，接下「彰化國際藝術節」單元中裝置藝術展的策展任務，足見藝術專業已受到肯定。葉育君下一步想組成一個近似「合作社」的概念，共同產銷「彰化」這項無形的文化產品，她相信彰化沃土能種的，可不只有農作物而已，還有更多藝術與文化資產，等待發掘。

註：因臺灣新文學之父賴和亦是文化協會成員之一，在彰化推展社會運動。

台青蕉香蕉創意工坊

旗尾山下的香蕉新浪潮

文：李佳芳　攝影：王士豪

人潮洶湧的旗山車站、旗山老街，以及滿街香蕉主題的土產，是今日旗山的日常景象——但多數人不知道，不過二十年前，旗山老街原本沒沒無聞，車站還是廢墟，而旗山雖曾貴為「香蕉王國」，卻也正面臨嚴重的產業衰退危機。這座山間小鎮如何從沒落邊緣邁向繁盛復興，背後有「尊懷文教基金會」、「尊懷活水人文協會」到「台青蕉」香蕉創意工坊，兩代人接棒的努力。

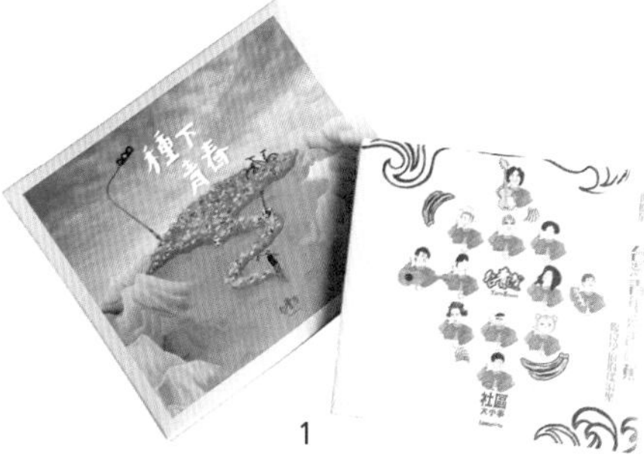

1. 台青蕉樂團發行《種下青春》等專輯，唱出對土地的關懷。
2. 王中義起身倡議保存旗山火車站，如今旗山人無不以旗山火車站為傲，把老車站當成旗山老街的開端。

近年旗山的大幅翻轉，「台青蕉」團隊扮演著關鍵角色，團隊創辦人王繼維用搖滾樂賣香蕉、帶動地方發展的構想，與父親王中義的身教影響，不無相關。

八〇年代擔任高職教師的王中義發現學校教育失靈，地方文化貧瘠，學生與家庭、學校之間的關係漸漸鬆動，於是號召理念相同的教育工作者與家長倡議教改，期盼成為學校、家庭、社區的第四方角色，協助解決地方教育的困境。

讓旗山保留自己的味道

一九九五年王中義在旗山成立「尊懷文教基金會」，並從教育工作走入地方，梳理社區文化與地方學。看見在都市快速擴張的擠壓之下，地方上古老的人文地景遭到摧毀，又或者受到磁吸作用，青年人口

台青蕉是一支「老而新」的團隊，兩世代人橫跨20多年時間，長期擾動地方，並引入創新思維。

大量外移，許多傳統產業無人承接，使得地方文化快速流逝、掏空。於是與地方工作者合作，走入街巷調查地方文史，推動古蹟保存運動，設法在快速發展的時代洪流裡，找到旗山的定位，保留屬於旗山的味道。

不畏威脅力挺古蹟保存

坐在旗山國小前的大樹下，微風徐徐，鄉間景致明媚，這裡是老旗山人俗稱的「後壁田」，邊上有設置於一八九八年的蕃薯寮公學校（旗山國小）、一九一〇年的蕃薯寮驛（旗山車站）、一九一四年的有限責任蕃薯寮信用組合（農會大樓）、一九三四年的武德殿、一九五四年的大溝頂太平商場……小鎮每個角落都有歷史，但在地居民久之便遺忘了它的珍貴與重要性。

「當時沒有所謂的旗山老街，在地人只知道中山路，卻不知道它原本叫本町通。」現任「尊懷活水人文協會」理事的林美琴，談起大夥當年投入地方運動（註）的熱血，記憶猶新：「呼籲保留旗山火車站時，曾經被地方黑道威脅；好不容易成功保存了武德殿，不久武德殿卻被人半夜縱火，但我們還是持續透過導覽介紹，促使古蹟受到重視，終於得到修復的機會。」當時王中義身為古蹟保存運動的頭號人物，還曾經被貼上「文化流氓」標籤，對比今日旗山人個個以旗山老火車站為傲、視老車站為旗山老街珍寶的現況，特別感慨。

註：除了老建築保存運動，台青蕉也發起反馬頭山事業廢棄物掩埋場、反大林廢爐渣回填運動。

1. 尊懷文教基金會創會元老王中義（右），以及尊懷活水人文協會理事長秦柔華（中）、理事林美琴（左）在旗山國小前侃侃而談。2. 2023年將成立感作移居共創空間，主要功能在成為外地人進入旗山的接納窗口。 3. 武德殿位在旗山老街後方，為在地人昔稱的「後壁田」。

打開香蕉產業的想像

二〇〇八年王繼維退伍回家，接手基金會，注入社會企業的思維與做法，展開二・〇版的地方任務。「我們需要一個符號或概念去重新面對地方，音樂就是很好的工具，所以開始號召青年志工組成樂團，把地方議題『唱』出來，帶動新的討論。」發揮藝術轉譯的力量，王繼維號召地方青年成立台青蕉團隊，把音樂導入地方教育，和學校、社團合作，推動下一代的扎根計畫，同時也吸引來自不同地方的青年加入，為地方創造更多關注公共事務的聲量。

對地方產業的投入，促使他在二〇一二年決定成立「希望蕉園」，成為香蕉農，以自然農法生產友善環境的香蕉。實際了解香蕉產業之後，又成立「台青蕉香蕉創意工坊」，抓住產業的「生產」與「加工」兩端，開啟「香蕉全利用」的六級產業模式，開發出香蕉蛋糕、香蕉乾、香蕉酒、香蕉染、香蕉絲等產品，打開香蕉產業的未來想像，也打造台青蕉團隊自給自足的經濟循環。

王繼維認為，經濟與文化相輔相成，缺一不可。「當我們有能力產出高經濟價值的香蕉，又有管道可以銷售時，就可以推

1.王繼維號召青年關注地方產業，帶動地方發展。 2.台青蕉位於旗山老街的工坊，門口巨大的香蕉裝置十分顯眼。 3.從上游種植到下游加工，香蕉創意工坊實現香蕉產業的多種可能。

社造心內話

風和土要一起合作，
才能達到好的循環。

1. 認識香蕉的課程從鄉間騎車漫遊、逛蕉園開始。　2. 王繼維與王繼強帶領年輕孩子走讀希望蕉園。

動成立合作社，吸引更多蕉農加入。」現今旗山老街有不少商家效仿台青蕉推出香蕉加工產品，人們對於地方物產開始重視了，台青蕉的默默耕耘，至為關鍵。

循著香蕉產業的脈絡，團隊開始深入不同庄頭，重新點燃地方關係。小鎮北邊曾是舊北蕉重要產地的溪洲，王繼維弟弟王繼強在這裡主持「影像交換所」，是進行策展地方學、產業實驗的新空間，二〇二三年即將成立「感作移居共創空間」，打造外地進入旗山的窗口。

成為輸出文化的產地

這天下午，王繼維、王繼強浩浩蕩蕩領著孩子們在庄頭騎車晃遊，從溪洲玩到旗尾山下的希望蕉園，在炙熱豔陽下，展開發現地方的定向活動以及認識香蕉的課程，期盼為孩子們建立新的視野，重新看待香蕉這門傳統產業。從父親到自己，王繼維計畫用教育培育第三個循環的社造種子。

王繼維指出：「族群融合是帶動地方發展的重要轉機，旗山曾有兩次族群大融合的紀錄，帶動一九一〇年以後的旗山發展，甚至影響到美濃、六龜、茂林。」以史為鏡，團隊積極進行不同社區、族群的融合。「移入者是『風』，在地人是『土』，風和土要合作，才能達到好的循環。」

期盼串起周遭鄉鎮的人、事、物，共同形成社區生活文化。「很多香蕉農還停留在大出口貿易的美好年代，殊不知時局早已不同了。」致力轉變蕉農的保守想法，讓旗山不再只有農產的輸出，更有生活文化的輸出，賦予傳統產業更好的願景與價值。

台青蕉香蕉創意工坊

成立時間：2012年
組織人數：工作夥伴3人
地址：高雄市旗山區中山路17號
電話：07-6626238
網址：youthbanana.blogspot.com
FB粉絲專頁：旗山台青蕉香蕉創意工坊

村復號

金門選物店開箱 上架戰地絕活

文：高嘉聆　攝影：陳建豪

提及金門，腦中浮現什麼印象？是課本上重兵駐守的前線，還是貢糖、高粱與菜刀？即使金門從一九九二年開放觀光至今已三十年，不少人對當地的印象依舊凍結在軍事戒嚴的時代。於是，這裡有一群年輕人建立了村復號，要告訴你，「金門不只那樣」。

顧名思義，「村復」是指「村落復興」，這家位於金城鎮民族路的選物店，逛起來很有料，環島搜羅金門各地農漁產品、生活雜貨、文創小物，把浯島圈成了一個品牌、共同行銷，振興村落經濟。「我們想讓大家知道金門風土長出來的東西，可以很立體、也能很多元。」村復號共同創辦人王苓表示。

王苓強調，店內每項產品上架以前，都會花費不少時間了解背後成因、風土文化，選物除了品質要好，「標準之一是能說出屬於金門的故事。」

1+2. 打理村復號之外，王苓與先生在歐厝聚落中落腳，運用金門的閩南古厝經營客棧。

「村復」是「村落復興」之意。

1. 黃健明是金門為數不多的有機農，他種的日本大蔥也白嫩水甜。　2. 金門昆布生長期短，質地較為薄嫩。

從選物連結產地故事 打開認識金門的一扇窗

銷售金門好物，連結產地故事，讓社區居民與遊客透過選物，重新認識、認同金門，甚至愛上這座蕞爾小島，可以視為村復號創立的使命，以及存在最重要的意義。

王苓拿起一包昆布說：「很多人都不知道，金門是國內最大的昆布養殖產地。」金門水產試驗所輔導漁民在金門東南、西南海域「種海帶」長達二十年，每年一月到四月的海水溫度較低，是海帶喜愛的生長條件，漁民會把芽苗綁在漂浮的延繩上，以浮棚的方式飼育，到了五月即可採收。

海帶養殖不僅是一種生產方式，還為海洋資源凋零危機帶來解方。海帶生長提供許多遮蔽空間，海藻、螺貝及魚群穿梭其中，形成蓬勃的生態系，同時，透過光合作用把海中的二氧化碳轉換為氧氣，防止海洋酸化，實踐「海中造林」友善環境。

還有一種烏坵野生紫菜，市面少見。「烏坵」介於金門與馬祖之間，行政上雖然由金門代管，但距離金門實在太遠，沒有經常性的交通工具，只能從臺中港搭船前往，因此金門人對烏坵也很陌生。

野生紫菜成長於東北季風期間，種植方式十分特別。每年中秋以後，烏坵島民會焚燒貝殼取得石灰，抹在面北的紫菜田岩石上，除去附著在上面的貝類，等待紫菜孢子隨著東北季風而來，順勢附著石上，靠著海水漲退滋養紫菜。年底前後可收成，是島民智慧與大海的結晶。

熱銷的「酸高麗菜」出自於農友黃健明之手。王苓說：「金門有醃酸白菜的傳統，有一年高麗菜生產過剩，他嘗試醃漬後加入現地採收的高粱米，沒想到相當受歡迎，就成了常態商品。」除此之外，還有古崗社區的手作蜂蠟護唇膏、金盤山白千層蜜、高粱酒漬咖啡濾掛包，以及高粱掃把、高粱紙明信片、高粱紙筆記書……村復號像是金門的偵探，不放過任何好物蹤跡，而這些好物背後的產地風土、文化特質，拉大、拉寬了人們看金門的視角。

十年深耕　期許成為創生中介者

王苓返鄉近十年，創辦的第一個地方組織，其實是二〇一四年與姊姊王莛傾一起成立的「敬土豆文化工作室」，展覽轉譯、創意計畫、音樂影像、出版《聚落求生指南》刊物，號召人們重新認識金

門。「我們這輩的人，通常十八歲高中畢業後就離開金門，對家鄉的認識少之又少，對在地的認同也僅止於血緣關係。我們希望能為年輕人建立一個重新認識家鄉的路徑。」

當年辦了四屆的「土豆音樂祭」，將音樂「宅配」到聚落，電音、搖滾、實驗，風格多元流進各地傳統聚落、家廟，欣賞優質表演不必跑遠，在自家社區就可以看到，甚至結合地方走讀，由耆老替聽眾導覽聚落，新舊時代文化的激盪，為金門表演文化藝術注入活水。

二〇一八年敬土豆暫緩腳步，王苓與其他夥伴另外成立「後浦泡茶間」，作為返鄉青年聚會活動的場所，空間由浯島城隍廟免費出借，即便後來因廟方準備重新改建收回空間，但當年在茶間討論社會議題所獲得的知識、觀念與資源，在在成為後來成立村復號的重要養分。

「金門有很多好東西，好的東西需要持續被看見。」王苓表示，這些優秀的生產者，背後都有一串故事，讓金門的樣貌更加立體，「我們想擔任中介者，站在生產者與消費者間、本地人與外地人間，解鎖金門不同面貌。」因而與陳書毅和其他夥

社造心內話

透過物產與產製者共同振興聚落經濟，
讓人們認識更立體的金門！

3

2

1.「趖後浦小旅行」帶路人李誠恩。 2..「存德中藥房」創立將近兩個世紀，至今仍維持傳統用紙包藥。 3.存德的第五代老闆顏及人。

伴共同推動村復號在二〇二〇年誕生。對消費者來說，這裡可以看到優秀的在地產品與生產者。對於生產者、研發者來說，可以紓解自產自銷的壓力，專注生產。王苓自許：「希望成為商家的行銷夥伴，負責把好的產品和背後的理念推廣出去，並回饋消費端的想法意見，讓產品、店家更好、金門共好。」

戰地獨家路線 體驗戰火下的常民生活

村復號販售的「產品」，還有「趖後浦小旅行」，王苓與泡茶間時期的「茶友」李誠恩聯手開發路線，走訪後浦老街的巷弄與店家，認識一九四九年至一九九二年間「軍管時代下的生意經」。

車水馬龍的莒光路早期稱為後浦大街，是金門重要的政經中心，見證軍管時代龐

1. 透過針車修繕，老闆楊銘達掀開金門不為人知的故事，縫補過去與現在。　2. 漫步後浦街區，體會金門各個時代常民生活。　3. 從青春芳華到白髮蒼蒼，「華華理髮廳」陪伴許多人走過歲月時光。

大軍需所堆疊出的商業繁景與戰地記憶。「小時候，街上滿滿都是阿兵哥，上學搭公車都會聞到汗臭味。」李誠恩回憶。

當時最高峰有十萬大軍，對比現在只有三千兵力，當中懸殊，不言而喻。走過那段時期，部分商號至今屹立，彌足珍貴，其中存德中藥房創立於清道光年間一八三二年，現已傳承至第六代，大概是當地歷史最久的店鋪。軍管時期由於軍醫資源的引入，老藥房親身見證了金門從中醫轉為西醫為主的醫療變革。藥材承襲古法，依藥性蒸、煮、炒、焙、炙等手續精製，香味特別濃郁，店內的胡椒粉就是金門廣東粥不可或缺的一味。

明昌針車行是目前全金門唯一提供針車修繕服務的店家，老闆楊銘達珍藏整個倉庫的古董針車，從金門的下南洋時期，到日治時期，許多從國外帶回來的舶來品針車，包含：德國、英國、日本、美國、臺製，什麼都有，在軍管時期，各國的針車都成為民間婦女為阿兵哥訂製修改軍服、繡臂章的服務工具。也從不同顏色的繡線，反映不同時期，各種軍種在金門的變遷。華華理髮廳全盛時期有五位理髮師傳擠在小店裡，為軍人與民間提供理髮服務。從軍管時期的生意巔峰一路走來，即便現在只有老客人光顧，老闆林壬華仍每天準時到店，寶刀未老，不只服務阿兵哥、老客人，四月十二日城隍遶境前夕，還為單八爺神尊「理容」，服務對象涵蓋三界，教人歎為觀止。

跟著村復號逛金門，處處充滿開箱的驚喜感，很多人會發現，原來在貢糖、高粱與菜刀以外，金門和你我想得不一樣！

村復號

成立：2020年	電話：082-324298
組織人數：5人	網址：www.vivavillagesgoods.com
地址：金門縣金城鎮民族路43號	FB粉絲專頁：村復號

Community Revitalization

PART

III

新。商模

用願景

創造顧客需求

- 南投　南投縣南投市光榮社區發展協會
- 臺南　臺南市北區大港社區發展協會
- 臺南　有限責任臺南市官田烏金社區合作社
- 東引　鹹味島合作社
- 澎湖　離島出走工作室

南投縣南投市 光榮社區發展協會

一碗一筷 拾回生活食光

文：李佳芳　攝影：王士豪

凍省後，省政府所在的中興新村公務人口大量外移，也帶走了商機，昔日的政經核心城區頓時沉寂。誰來重振榮光？在地長大的陳武強回鄉後創立「光榮社區發展協會」，要拾起社區的記憶碎片，重新燴成一鍋動人的故事湯。

穿街走巷找故事

漫步中興新村，獨門獨院的眷舍平房、一草一木，都是活生生的歷史文物。「光榮社區發展協會」理事長陳武強感歎，像他這般歲數的人，大多都在外地成家立業，家鄉是探望父母時才偶爾回來的地方。十多年前，他為了照顧生病的父親，辭工回家，才發現家鄉幾乎沒有年輕人的蹤影，眷舍裡多是長輩獨居，高齡化現象嚴峻，明明走在燦爛豔陽下，卻有止不住的蕭瑟感。

1.鳥瞰形似戰鬥機的中興會堂，背後有中興新村建成的故事，也是陳武強孩提時光看電影的地方。

「大草地上的中興會堂，是中興人的共同記憶。那裡不只曾是省政府開會、辦活動的地方，也是村民看電影、打羽球的活動中心。」陳武強說，中興新村以軍事行動為目的而建村，因此，中興會堂是模仿F-84雷霆機的造型設計，後山密藏著戰勤指揮所、糧倉、會議廳、巨型防空洞……都是備戰的整備，而囊底路則是著眼於社區守望相助的時代產物。「也只有最早建成的光華與光榮里才有這樣的設計。」因此這兩里可說是這段歷史的重要源起。

「從第一期的各廳處辦公大樓、八百多

陳武強回鄉擔任光榮里里長，
把長輩的記憶燴成一鍋動人的故事。

間宿舍群、市場、學校等公共設施，這樣的大建設只花了半年完成興建，根據歷史資料紀錄，當時平均一天有三千輛次的工程車出入，幾乎是傾盡全國之力來蓋。」面積不到五百公頃的中興新村，最高曾經有超過三萬人口集居，昔日的熙來攘往對比今日的悄然寂寥，讓人不勝唏噓。

號召中興媽媽教做菜、說故事

多年前中興新村劃定為「高等研究園區」，閒置眷舍移交給中科管理局管理，可惜許多措施並未同步納入友善高齡的思考，為了協助社區長輩爭取更好的居住權益，陳武強決定跳出來選里長，扛下家鄉事務。

第一件工作，就是將原省府退休員工為主要成員的中興長春協會轉型為社區照顧關懷據點，另外成立光榮社區發展協會推動公共事務，為長期停滯的社區管理系統注入新活力。

當年，中興新村是臺海緊張局勢下、為疏遷計畫打造的省府要地，住民多是在省府上班的文官與眷屬，不少都是隨著國民政府遷臺的知識份子。「這裡每一位老人家都有一段顛沛流離的故事，每個人都是一部歷史，比電影還精采。」而他們的家族歷史、飲食習慣、生活講究，是社區無形的人文資產。

隨著老者凋零，來自中國五湖四海的鄉音快成絕響，一心想「抓住記憶尾巴」的陳武強發現人們記憶中的年菜，還可以看見當年的風景。光榮社區發展協會便發起「中興媽媽味社團」料理課程，邀請廚藝高強的社區媽媽開課教菜，吸引獨居長輩走出家門，在有滋有味的學菜、說菜、吃菜活動裡，憶起更多的故事。

一蔬一菜　都是鄉愁

跟著陳武強走入中興新村最熱鬧的第三市場，陳列整齊漂亮的攤位，安靜不嘈雜的氣氛，透露了當年老派生活的細節講究。這裡可找到大江南北菜系所需的食材，酸辣粉不可缺的豇豆（酸豆）、江浙菜品必要的烤麩、福州菜常用的蝦

1.光榮社區於中興新村前期興建，獨特「囊底路」設計有守望相助的功能。　2.昔日第三市場是南投最熱鬧的菜市場，而今相比盛況頗有落差。3.走入第三市場，小攤可見雪裡紅、豇豆、酸菜等食材，皆是眷村菜的重要食材。

1. 德順名菜釀鯪魚，要先起出魚肉和魚骨，再釀入調料魚蓉。　2. 十香菜的每種食材都有吉喻，如必備的黃豆芽形似如意。　3. 左起順時鐘方向為十香菜、腐乳扣肉、山東燒雞、夾沙肉、諸暨豆腐、釀鯪魚、賽螃蟹（中央），集合了大江南北的滋味。　4. 陳武強以及太太申請老屋開餐廳，葉琬琲媽媽（左一）、周春余媽媽（左二）也大力幫忙。

油、腐乳扣肉必用的酸菜、經典上海菜的雪裡紅等，一蔬一菜，都是村民的鄉愁。

以飲食為引，協會成員費盡心思學會一道道艱難的手工菜，積極調查在地料理故事，寫下每一道菜的典故與食譜，將食物中的故事歸籍歸檔。像是葉琬琲媽媽的十香菜，是一道集合了黃豆芽、冬筍、豆乾、芹菜、木耳等料的素什錦，每樣食材都具有吉祥意涵，是江浙人農曆年必食的年菜。葉琬琲媽媽說：「這道菜是大宴裡的清爽素菜，可以熱吃也可以冷吃，江浙人過年都會做上一大盆，方便想吃就吃。」

周春余媽媽的夾沙肉則是四川漢族名菜，源於三國時代寇封惜食的故事，用豬五花肉夾豆沙仿造肉片落地沾滿泥沙的樣

4

社造心內話

我想抓住記憶最後的尾巴！

1

子，呼應「粒米片肉來之不易」名言，是中國古代寓意深遠的餐桌教育。

串聯青年翻轉老社區

三年前，另一支青年組成的「省府日常散策」團隊展開「中興新村創生聚落計畫」，整理光明里十二間老屋，陳武強申請進駐，帶領團隊走入近二十年無人居住的空間，細細修繕屋瓦、粉刷牆壁、抽換電線，創立帶人尋味餐廳。

開餐廳，為的是希望為中興新村保留來自中國各省與臺灣各地居民的家鄉味，對外可以分享故事、創造在地經濟，對內，可以持續照顧地方上的長輩。周春余媽媽大讚陳武強是點子王：「社區每週二、三有共餐聚會，但只有一天有政府經費補助，餐廳多做的料理或

1+2.陳武強大力支持「省府日常散策」青年團隊，自己也申請創立帶人尋味餐廳，加入「中興新村創生聚落計畫」，就是不捨家鄉長輩所擁有的珍貴經歷。

剩餘食材，可以作為共餐聚會的料理素材，讓我們吃得好、吃得開心，照顧很多獨居老人，把我們當成他自己的爸爸媽媽一樣！」

期盼有更多新血加入社區，協會支持在地青年不遺餘力。當省府日常散策草創時便幫忙導覽解說，並協助地方上各種媒合活動。

陳武強希望，透過跨世代的努力，增加鄰里居民間的互動，強化居民的社區意識，作為探討及實現公共議題的基石。也讓光榮社區重振榮光，「成為銀髮友善里、行動不便者友善里、動物友善里。」

南投縣南投市光榮社區發展協會

成立：2016年
組織人數：30人
地址：南投縣中興長春協會（南投市環山路50之1號）
電話：0916-008001
FB粉絲專頁：中興新村光榮社區發展協會

新商模

11

臺南市北區
大港社區發展協會

鹽水溪畔的香草天空

文：李佳芳　攝影：王士豪

臺南東區寸土寸金，卻有一片空地竟奢侈地闢為有機香草田。「大港社區發展協會」執行長黃森楠領著「香草夢工坊」志工們來割香茅，越旱越野的香茅田如同大港社區的社造精神：就算都市化腳步緩慢，邊陲小社區也要努力創造自己的特色，為居民打造理想家園。

臺南北區，大港里文康活動中心龐然而立，方方正正的樣子好似無敵鐵金剛，這棟樓曾是閒置的館舍，如今被充分運用，一樓是藝文活動中心、二樓香草生活館、三樓童玩館、四樓設置塭寮文物館以及水環境教育中心，每個樓層主題都是「大港社區發展協會」與居民集思廣益，一點一滴充實起來的。黃森楠很自豪：「我們的運作完全可以自給自足！」

變質的門前小河引爆疫病惡夢

黃森楠家族世居臺南，先祖是在地墾拓五大姓之一，算來是家族的第五代人，高中就北上求學、就業，離鄉十多年才回來，卻發現社區旁的鹽水溪污染嚴重、臭氣熏天，成了市民口中的「黑龍江」、「臭水溝」，是臺南市污染最嚴重的河川之一。

二〇〇二年臺南爆發嚴重登革熱，鹽水溪的水質問題長期以來未經改善，加劇了疫情嚴重性。當一名里民不幸染病死亡，黃森楠忍無可忍，帶領社區抗爭，要求市府儘快進行鹽水溪清淤。在事件的衝擊下，社區居民頓生危機意識，決定啟動社造機制，首先強化社區發展協會的運作，由黃錦文理事長帶領、黃森楠擔任執行長，組織鹽水溪聯合河川巡守隊，展開護溪行動。

二〇〇四年大港社區發展協會向文化局提出社造計畫，在成功大學的輔導之下，展開社區調查與盤點資源，整理出社區第一個問題點：活動中心外的公園。公園被少數遊民霸占，成了棋弈對賭的藏污納垢之地。社區居民共同努力，把賭場變公園，「清理垃圾就足足載了十三輛卡車！」

大港社區發展協會執行長黃森楠（右三）帶隊到田裡割香茅，越旱越野的香茅如同大港社區的社造精神。

用香草驅除登革熱　發現新商機

為了解決鹽水溪淺灘死水問題，社區提出疏濬申請，但中央動工還要等三年，這期間該怎麼度過？黃森楠聽聞種香草可以驅蚊，突發奇想：不如社區一起來種香草吧？透過行政院文化建設委員會與臺南市政府文化局的新故鄉社區營造計畫協助，大港社區發展協會成立「大港香草產業夢工坊」，以三年時間培育在地民眾認識、栽培、利用香草，從研發出第一個產品香草膏，到推出防蚊液、舒壓霜、茶包、精油、洗手慕斯，並打造社區私廚，推出香草風味餐以及冷凍食品系列。

透過勞動部多元就業計畫進入工坊的陳保琴，負責生產防蚊液與香草膏，因此建立一技之長，找到自己的興趣；原是全職媽媽的林芳瑜，發現協會設計的產品很適合家人使用，於是申請加入團隊。她開起玩笑：「就是圖利自己啦！」

林芳瑜主要工作是接收客人回饋，協助優化產品，幫助第一線銷售。她想打造百貨專櫃等級的精緻包裝，礙於研發經費有限，就改從創意文案著手，讓產品自己說話，吸引有共鳴的消費者。以臺語發音「驚大摳」、「厚操煩」、「胃脹脹」、「麥來睏」直白可愛陳述的香草茶系列，不走高貴路線，卻十分接地氣，結果大受歡迎，甚至成功賣進百貨公司。

跨域文創　擴散經驗

香草夢工坊也跨域結合文創，推出具

社造心內話

我們是要用賺的錢，
去照顧需要幫助的人。

1. 林芳瑜優化產品，用農村式幽默文案產生消費者共鳴。 2. 因為香草夢工坊，陳保琴有了二度就業的機會，同時發展出新技能。 3. 從防蚊液到保養品、精油，大港社區的產品十分多元。 4. 第一個研發的產品香草膏，真材實料熬煮，不使用化學添加。

有在地文化特色的產品。例如為了進駐安平老街，特別開發劍獅造型的琉璃手工皂，新年推出「事事如意」的柿子造型手工皂；與鹽田生態文化村異業結合推出香草沐浴鹽、與社區阿嬤契作，研發茶樹絲瓜皂，以及結合南投竹炭產業的竹炭臺灣皂。

COVID-19疫情爆發之後，進一步發展「無接觸行銷」，官網加入電商功能，申請街口支付、刷卡支付等便捷的金流系統，配合四大超商、郵局等物流，克服國內外配送問題，「第一次外銷全被打回來，後來每個產品都申請認證，已經順利賣到日本與馬來西亞了。」黃森楠說。

「香草夢工坊經營日趨穩健，目前聘有三個正職員工，不再需要用計畫支持，真正做到自給自足了。」黃森楠表示，對於

1

社區產業發展的共識，協會成員曾經花了一年多時間討論，當時前理事長黃錦文一句話凝聚了大家的共識：「用賺來的錢照顧需要幫助的人，這就是我們為何要做社區營造的原因。」

如今，社區產業所得回饋社區，為弱勢學童提供愛心晚餐，協助中高齡婦女二度就業，除了寒冬送暖與急難救助之外，也捐助產品給登革熱、COVID-19等傳染病重災區。行有餘力時，社區也四處分享經

1.為了進駐安平老街銷售，特別開發劍獅造型的琉璃手工皂。　2.社區活動中心陽臺，是工坊最近的「產地」。　3.香草夢工坊與鹽田生態文化村異業結合，開發香草沐浴鹽。

1.天氣漸漸轉涼，農場開始育苗，培育明年欲使用的香草。　2.前理事長黃森廉的有機香草田就關在臺南市區，是大港社區重要的合作產地。　3.耕地相連的「富苭自然生態農場」也加入陣線，為社區提供純淨的香茅。

驗，走入偏鄉教學種植香草，把小愛延伸成大愛。

社區永遠是最大股東

巴克禮公園附近的有機香草園，是前大港社區理事長黃森廉耕作的香草農場，從環保局退休、卸下協會理事長職務的他轉而成為香草夢工坊的原料生產者，供應甜菊、迷迭香、左手香等。「這裡以前是臺糖試種甘蔗的土地，沒有施灑過農藥，已通過有機認證。」後來連隔壁的「富筠自然生態農場」也加入產線，為大港社區提供純淨的香茅原料。

大港社區發展規模令人欣羨，但背後是無數人默默付出的心力。黃森楠感嘆，一路走來，推動社區產業合法化最是辛苦。「因為社區產業發展沒有法源，我們甚至做到被告、被罰錢。」為了尋求解套，他跑到臺北輔仁大學上社會企業課，從四十多歲奮鬥到六十多歲，堅持推動社區自闢財產才能永續發展，終於成功爭取多數成員同意成立公司。

這是臺灣第一家有社區協會為股東的閉鎖性社企股份有限公司，社區、股東除了享有公司盈餘分配，另設立社會回饋金的捐助，用來支持大港社區產業發展的初衷：照顧弱勢族群，營造永續發展的社區。未來目標將再轉型為「B型企業」，朝循環經濟發展，創造出另類的地方創生，還要為推動地方發展，繼續努力。

臺南市北區大港社區發展協會

成立：1998年	電話：06-2501168
組織人數：154人	網址：taka22650.shop2000.com.tw
地址：臺南市北區大興街226巷50號	FB粉絲專頁：大港香草夢工坊

新商模

12

有限責任臺南市官田烏金社區合作社

點炭成金不是夢

文：李佳芳　攝影：王十豪

臺南市官田區西庄惠安宮前有家個性小店，販售各式文創商品：種多肉植物的水泥花盆、深受年輕人喜愛的擴香精油，還有沁涼濃郁的菱角鮮奶露。不說不知道，這些產品都加入了「菱炭」，即菱角殼燒成的炭材料，這可是塊下最火熱的農廢循環經濟、「點土成金」的範例之一。

1+2. 官田年產3,400公噸菱角，處理剝菱角產生的農廢料，曾是一件頭痛的事。
（有限責任臺南市官田烏金社區合作社提供）

官田區種植菱角歷史悠久，為全臺面積及產量最大的產區，每年舉行的「官田菱角節」更是地方盛事。然而，菱角產業不只帶來農村經濟，也帶來負面的環境影響，官田年產約三千四百公噸菱角，取出菱角仁剩下的菱角殼至少上千噸，長期缺乏管理，無處傾倒，在官田街巷、田間到處堆積，菱角殼積水與發酵孳生的氣味與蚊蟲衍生公共衛生問題，釋放產生的黏液流到路面也常導致行人滑倒或車輛打滑的意外，部分農民採用最傳統的火焚方式處理，瀰漫煙霧不僅造成空污，也有引發火災的疑慮，長期以來，菱角殼一直是令當地居民相當頭痛的棘手問題。

熱血公務員的環境運動

官田區長顏能通曾任職環保局，對於廢

穿青蛙裝採菱角是官田獨有的農業風景。
（有限責任臺南市官田烏金社區合作社提供）

棄物處理經驗豐富，二〇一五年一上任便著手設法處理菱角的農廢問題，偶然在一次社區營造課認識了生物炭的應用，認為菱角殼若能借鏡相關技術與經驗，或許可以找到轉機。在大學USR計畫的媒合下，他與成功大學化學系特聘教授林弘萍、崑山科技大學企管系副教授楊泰和展開菱炭研究，發現可行，於是在二〇一八年號召居民組成「有限責任臺南市官田烏金社區合作社」，從收集菱角到曝曬、炭化，建立起菱角殼炭化的標準加工程序。

團隊將官田山上閒置的林務局辦公廳舍，改設菱角殼炭化工廠，內有林弘萍教授協助開發的專利炭化桶。「這裡一年可以處理一千兩百公噸菱殼，生產三十六公頓的炭。」專案經理李彰陽解說炭化桶內的祕密：「裡頭的炭化溫度在攝氏七百五十至八百度，最後會上升至攝氏一千度，菱炭在高溫低氧環境下裂解，三十分鐘就可以完成炭化，全程不會產生污染環境的濃煙。」他指著桶內隱藏的灑水裝置：「那是水冷式取炭的關鍵設計，要在三十秒內瞬間降溫，才不會有戴奧辛的產生。」

足足花費一年半時間才研發出的菱殼炭，具有良好的多孔隙特性，平均一公克的表面面積有四百平方公尺，符合國際生物炭倡議組織（International Biochar Initiative, IBI）以及歐洲生物炭認證機構（European Biochar Certificate, EBC）標準，是很優質的生物炭。但當時推出的產品只有吸附包，難以吸引一般消費者。

社造心內話

沒有人當傻子，東西是不會成功的。

面臨產品賣不出去的窘境，計畫目標從技術面轉移到行銷面。在大學USR計畫的滾動下，團隊把社區裡廢棄的柑仔店改建轉型為創生基地，設法將菱炭轉成更有價值的產品。承接這項工作的李政憲出身高雄，是林弘萍的學生，畢業後曾短暫在中油化學工業開發股份有限公司上班，也在中國開過珍珠奶茶店，具有化工、餐飲及文創背景的他受區長之邀，來到官田帶領團隊發展地方創生，當他看到菱炭，心中不住湧現種種想法，激起了挑戰慾。

1.炭化爐有「水冷式取炭」設計，全程不會產生污染環境的濃煙。 2.高溫燒製的菱殼炭。 3.李政憲成功為菱殼炭創造生活用品營收，現在更想把經驗延伸到龍眼殼、銀合歡等其他農業廢棄物上。

1

2

打造一條龍循環經濟

「菱炭的製作成本不低，面對市售價格低廉又有香氣的產品，菱炭吸附包幾乎沒有競爭力。」一肩負去化產品及開發在地產業的任務，他思考打造從生產到出貨的一條龍作業，達到兩者目的。

李政憲申請勞動部多元就業計畫，延攬農機維修師吳見財等人才進入場域學習新技術，把少量簡單工作發包給社區長者，請他們協助曬菱角殼或是包裝產品等，同時運用公益捐贈模式，與臺南市、嘉義縣、屏東縣的復康巴士合作，建立定期定量的使用者，而每年替換的舊吸附包，則回收炭粒成為農業資材，免費提供給官田農友使用，打造出完整的在地循環經濟。

李政憲表示，採用自體燃燒的菱炭，本身具有固碳能力，埋入土裡也不會腐爛產生污染物質，是很不錯的農業資材，只是菱炭主要作用是改善土壤，不像肥料可以立即增加作物產量，缺少立竿見影的效果，因此目前大多數農民不感興趣，這是亟需克服的地方。

青年農夫胡育健是第一位加入李政憲循環計畫的農夫，進行「菱炭種植法」實驗已進入第四個年頭，他期待可以建立一套成功模式，並把這套友善環境的生產模式，分享給青農團隊。「以前都放石灰淨化水質，但是石灰會傷害水雉鳥，而菱炭屬鹼性材質，可以淨化水質、過濾土壤毒性物質、釋放多餘的氮素，到後期應該可

1+2.胡育健率先在菱角田裡實驗以菱炭取代石灰淨化水質，為喜歡在菱葉上築巢的水雉鳥保留棲息空間。　3.菱炭森活工場僱請當地長輩幫忙曬菱角殼，間接創造二度就業機會。（有限責任臺南市官田烏金社區合作社提供）

以減農藥、減肥料。」

目前已試驗菱角、稻田、芒果田，未來打算使用在胡麻田裡，把菱炭混入堆肥或灑進田中，試看看是否可以改善「胡腳病」（炭腐病）。穿著青蛙裝下水安裝菱炭網袋，被太陽曬得黑亮的臉龐，笑出一口白牙：「沒有人當願意實驗的傻子，再好的東西也不會成功。」

友善環境　農廢變烏金

合作社致力提升技術研發表面修飾的功能性碳材，使菱炭可與紡織、陶藝、香氛、除臭、淨化產品結合，研發各式各樣的生活用品。也針對臺灣常見的農業廢棄物，如：銀合歡、相思木、龍眼殼等，建立成功炭化的數據資料，期待可以擴大生物炭議題，協助其他農業事業解決問題，成為友善環境的社會企業。

初期創立的「菱炭森活工場」，現已轉型為菱殼炭化觀光工場，結合在地社區與觀光資源，發展環境教育遊程，人們在這裡可以了解認識炭，並成為在地產業的支持者。李彰陽笑：「這是從一個傻瓜，到三個傻瓜，變成一群傻瓜在做的事。」還好關關難過關關過，從燒不成功、賣不出去，到現在打響名號，「官田烏金」這個品牌，已然成為「點廢成金」的成功典範。

1

1.菱殼炭結合紡織可讓布料抗菌除臭。 2.專案經理李彰陽笑說，這是從一個傻瓜到三個傻瓜、一群傻瓜的故事。 3.林務局辦公廳舍改造的工坊，時常開辦課程活動，分享永續教育觀念。（有限責任臺南市官田烏金社區合作社提供）

有限責任臺南市官田烏金社區合作社

成立：2019年

組織人數：10人

地址：臺南市官田區社子里社子23-4號

電話：06-5795964

網址：www.gtbg.com.tw

FB粉絲專頁：官田烏金 Guantian Black Gold

鹹味島合作社

馬祖東引的新味道

文：周培文　攝影：王星鑑

海風鹹鹹，是風中的鹽分、島上曝曬的海味，也是遊子的眼淚。在臺灣最北端的馬祖東引島上，三個不到三十歲的返鄉女孩將廢棄五十年的魚露工廠改造為複合式社區空間，創立「鹹味島合作社」，以成長故事為能量、以美學創意為媒介，與島民共同建立起屬於東引的社區品牌。

臺馬輪從基隆港啟程，東向臺灣海峽前行，即將退役的老船艙滿是歲月痕跡。海水、汗水、柴油混合的氣味，為東引之行烙下了第一道記憶，而這正是所有東引人往返臺灣的日常。

離島中的離島

東引島位在臺灣國土疆界最北端，僅靠船隻與外界交通聯繫。從基隆到東引不過九十浬，從基隆開車到臺中頂多四小時的距離，但船行至少需要十二小時，是臺澎金馬間「走船」最遙遠的距離。

東引也是馬祖的四鄉五島中，距離行政中心南竿最遙遠的島嶼，以地理常用的形容詞來說，還真是「遠隔中土，孤懸海外」，堪稱「離島中的離島」。

這樣的小孤島，其戰地氣息與濃霧氣候，比起馬祖其他島更嚴肅凜冽。整個東引人口不過一千四百多人，關係緊密且團結。在人口外流的時代變遷下，很多人以為「候鳥比人還多」的東引也會像其他離島一樣，人口逐漸外移，但事實不然，青

1.純白色的東引燈塔，洋溢著18世紀歐洲式建築風情，是東引島著名的地標。

坐在鹹味島合作社店門前階梯的三個女孩，東引島因她們的「海歸」而有所不同。
（右起東引鄉鄉長林德建、三位同班同學林奕蕎、蔡沛原、劉香吟）

年返鄉的比例不少，其中也包括鹹味島合作社三位不到三十歲的女孩，二〇二一年的東引總人口甚至達到歷年最高。

異味與滋味——魚露與老酒

東引是氣味濃烈的島嶼，夏至到秋分，是鯷魚、鰮魚、沙丁魚盛產的季節，早期東引人習慣做成「做鹹」與「蝦油」，也就是醃魚與魚露。當時做魚露會把這些下雜魚放到大木桶裡，一層魚一層海鹽地醃漬發酵，一個月後，魚骨化掉、將發酵的湯水瀝出後，利用太陽曝曬、煮過，反覆五道程序，就是清澈透明的魚露。魚露氣味濃烈，在太陽下曝曬更是全島飄「香」，「腥」鮮無比。

當時，東引家家戶戶釀造魚露，也釀造老酒，由糯米、紅麴、水三種簡單原料釀製的老酒，可是鎮香之寶，家常料理無論是老酒蛋、老酒麵線、老酒黃魚……都少不了老酒提味。遇到釀造季節時，可說是「開罈百里香，洗甕醉千家。」

鹹味島合作社共同創辦人之一的蔡沛原說，小時候的記憶就是整座島臭烘烘，不是老酒味就是魚露味，長大後，這樣強烈的氣味，不僅是鄉愁，也成了鹹味島合作社店名構想的來源。

轉譯軍事氛圍　召喚島民生活記憶

「斜槓」是東引人的日常，幾乎每位東引人都身兼數職。早年軍管時期，東引島小人少，幾乎人人都有副業，這戶賣雜貨順便賣小吃，那家開洗衣店兼家庭理髮、漁民家中闢場所釀魚露、晒蝦皮等案例不勝枚舉。鹹味島合作社的三個女孩也是如此，主理人蔡沛原本職是設計師，身兼策展人；劉香吟畢業於文創所，學的是社區規劃，本職是公務員，下班後負責鹹味島合作社各種企劃書與補助申請事務；林奕蕎是總店長，也是連江縣羽球選手。

蔡沛原曾在東引進行「街角改善社區營造計畫」，以磁磚結合東引島上特色植物，設計成適合海風島嶼且具有特色與辨識力的新門牌，在設計界引起廣大矚目。之後三人都認為，與其單打獨鬥，回鄉青年們更需要一個「共同場域」與在地進行對話，可以開會、聚會、喝酒、吃飯、聊天的地方，鹹味島合作社於焉誕生。

透過申請社區規劃師補助，將前身為魚

1.蔡沛原把聚落代表色與馬祖海色融入門牌設計。 2.鹹味島門口成排的魚露罈甕，在陶土的毛孔肌理中仍可嗅出當年的鮮味。 3.店內保留了數十年前的魚露釀造空間，標示著「陳年魚露庫房（吸氣）」的趣味提醒。

1.每年固定在東引「市中心」的中路舉行市集，讓外界與東引接起溝通的平臺。　2.活躍的市集氣氛讓鄉公所的長官與青年也能輕鬆交流。　3.鹹味島合作社店內空間成為島嶼對話據點，或展覽，或座談。（1-3.鹹味島合作社提供）　4.店內飲料與餐食皆帶有東引的老酒、海味等特有元素。

露工廠的廢棄老屋加以改造，店內空間分為三個部分，包括老魚露工廠、展覽空間與咖啡店，當有了這空間，便展開一連串擾動地方的企劃與活動，例如各種與東引相關的講座、劇場、島物研究、美學展覽等，活動內容都緊扣著與東引相關的事物。之後也陸續在戶外辦市集，成為島民們一起參與的小盛會，讓在地島民也可以浸淫在美學的生活場域之中。期盼以女孩們的視角，重新轉譯東引嚴肅的軍事氛圍，同時召喚島民對生活更大的想像。

地方小，人數少，在全島居民彼此都認識的情況下，年輕人想做些與眾不同、或有違長輩人生經驗的事可說是大不易。過去哪個年輕人血氣方剛敢公然挑戰威權，爸媽馬上會被長官溫柔致電，就連選舉投票，父母、長官也會殷殷關切，這不是鄉野傳說，是東引多數人的生活經驗。

因此鹹味島合作社不去沾染任何政治色彩，改從生活面切入。蔡沛原說，鹹味島合作社這幢老屋是有故事的，前身是「瑞記商行」所在地，店家不僅在屋內製作魚露，也釀造白醋，廢棄五十多年了，空氣中的魚露氣味仍然濃烈，林奕蓄帶領團隊夥伴進行了長達半年的整理與改造，才勉強讓老屋的咖啡區不再

社造心內話

你的遠道而來，
是我平淡日子裡最窩心的事。

「飄香」。除了氣味，女孩們還翻出了老標籤、老帳本、老瓶罐，以及彷彿下一秒就會碎裂的古老筆記，隨魚露池的開箱一起重新面世，都成了鹹味島合作社固定陳列展出的東引生活文物。遊客看著新奇有趣，對島民來說，卻是往日生活記憶的重現，共鳴格外強烈。

透過藝術 打造東引新「味」

看到鹹味島合作社用年輕人的力量，透過美學設計，帶動東引的物產與產業成功轉型，許多在地青年更有信心留在東引創業，也讓更多像她們這樣想為東引做點什麼的青年，決定返鄉，也間接促成更多「二地居」的外移者進駐。當多數偏鄉都在為人口流失傷透腦筋之時，東引人口數量卻是逆勢成長。

1.鹹味島合作社在中路老街的光改造計畫，溫柔點亮離島的夜晚。 2+3.鹹味島與鄉公所合作策劃「東引星空週」，在滿天星斗下沉浸情境劇場，點亮馬祖風燈。（1-3.鹹味島合作社提供）

東引鄉鄉長林德建表示，以前社區營造只能仰賴社區發展協會，多數幹部雖熱心但社造經驗、想法都十分有限，只能辦辦活動，改善公共區域狀況等，加上馬祖地方結構複雜沉重，「改變」的可能性幾近於零，鹹味島合作社竟能透過美學力量，漸漸翻轉島嶼、帶來新氣象，實在令人振奮。

二〇二二年，鹹味島合作社入選中強光電文化藝術基金會的「台灣光環境獎」。團隊在東引的中路老街進行「光改造」，以忠誠門為起點，經天后宮廟，一路向上綿延，在聚落、建築間導入光影美學，將東引的夜晚推向更深層的體驗，連在地人都驚歎，從不知道自己所在的島嶼還有這一面。「我們希望讓夜間的東引，也能成為本地生活的一環。」島與海，日與夜，東引有多好？「鹹味島」統統要讓你知道！

鹹味島合作社

成立：2019年

組織人數：16人

電話：0934-363090

地址：連江縣東引鄉樂華村4號

FB粉絲專頁：鹹味島合作社

新商模

14

離島出走工作室

喚醒每一口澎湖石滬的名字

文：陳培英　攝影：王士豪

跨過湖西鄉紅羅村海岸邊上的堤防，遊客們有的大步走進內海，有的穿戴嚴密著鞋涉水。往返臺澎的客機從頭頂呼嘯而過，天很藍，雲很白，炎夏午後踩進涼涼海水的感覺，實在痛快。

這天午後，「離島出走工作室」創辦人之一的曾宥輯負責帶隊走讀。他指向潮間帶的石堆，侃侃介紹：「聽過『抱墩』嗎？這是澎湖特有的捕魚古法，這些石堆叫做『墩』，漲潮時，就是底棲魚類的『別墅』。」一邊展示特製的漁網：「有誰要親身體驗一下『抱墩』，看能捕到什麼？」遊客個個聽得睜大眼睛，躍躍欲試。

在地青年洄游　在跑跳中找到人生方向

「離島出走工作室」是澎湖返鄉青年楊馥慈與曾宥輯於二〇一七年創立的地方團隊。楊馥慈笑稱自己上大學前，一心只盼離開島嶼，看看外面的世界，然而當真正離開，才知自己如此惦念家鄉。返鄉路迢迢，參加水土保持局的「大專生洄游農村競賽」是個契機。當時她駐村於湖西鄉潭邊社區，開啟與澎湖石滬的緣分；參加「大專生洄游農村二次方行動推廣計畫」，開始著手修復石滬，更加確知未來方向。為了築夢，毅然從企管系改讀觀光休閒，大四起無償擔任湖西社區發展協會總幹事，一步步磨練出自信的光芒。「我和多數年輕人一樣，常對人生和未來感到困惑，幸運的是，我在參與社區營造的過程中，在四處跑跳走看的過程中，找到了答案。」

曾宥輯則是在臺灣念完社會系，回澎湖服替代役，因為喜歡慢生活步調，決定留在家鄉發展。想起在臺灣老被問起「澎湖有什麼好玩？」總是很尷尬，因為在地長大的他沒有私房景點，決定藉此重新認識家鄉，用在地人的身分做在地事。「我土法煉鋼，先上網爬資料，再走訪與當地居

跟在資深石滬匠師身後學習巡滬，
也是離島團隊的功課之一。（離島出走工作室提供）

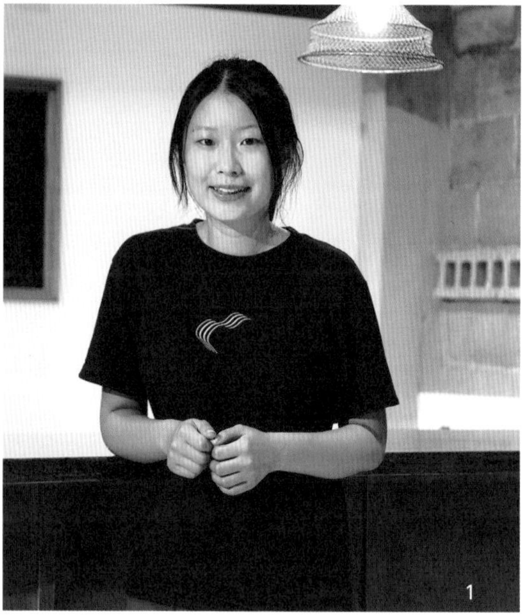
1

民聊天，尋求更深入的內容。」

理念相投的兩人一起創立離島出走工作室，以傳承臺灣水下文化資產澎湖石滬群為目標，希望建置與之相關的多功能服務平臺，促進人與海的連結；透過深耕漁村、設計體驗活動、空拍及普查石滬，爭取經費，來支撐「修復澎湖石滬」的理想。

普查修護石滬　搶救臺灣水下文化資產

澎湖是海底火山溢流形成的群島，岩漿冷卻後就是玄武岩，成了澎湖人就地取用打造石滬的天然建材。漲潮時，洄游魚類被海水帶進石滬，待海水退去，留在石滬內跑不掉的，就成了漁民的囊中物。一九五〇年代，石滬漁獲量占全澎湖漁貨近八成，當時是澎湖漁民最主要的捕魚方式。

然而石滬蓋在公有海域，產權複雜，而且隨著漁法、機械動力設備日新月異，石滬捕魚的效率愈來愈難以企及，加上氣候變遷、漁獲減少，導致石滬日漸式微。據統計，澎湖現有六百口以上的石滬，有可觀漁獲量者不到五十口，二〇一八年合法申請漁業權者僅十四口，石滬相關產業急遽衰退，匠師凋零，臺灣的水下文化資產岌岌可危。

人稱「坤師」的洪振坤是文化部認證的木工師傅，也是在地資深石滬匠師。他回憶年幼時滬仔頭漁獲豐富，常抓到煙仔虎（炸彈魚）、紅鮋和臭肚，數量多到得出動牛車往返運送；捕撈時間以抽籤為憑，石滬持有者一起到紅羅村北極殿擲筊，修滬工作由持有者共同承擔，無法參與修滬者，則必須讓出部分漁獲作為答謝。

對於離島出走工作室修復石滬的理想，坤師義氣相挺：「年輕人想學，我就教！我修石滬的時候，就讓他們在一旁記錄，我們都希望，工法和工序能流傳下去。」

創業試驗商業模式
創造收益挽留活文化

澎湖石滬在國際上具文化特殊性，日韓學者盛讚其線條優美，是有人使用和維護

1. 楊馥慈順從內心的聲音，接受故鄉召喚而回到澎湖，與曾宥輯一起創立離島出走工作室。　2. 抱墩圍網的上下各有浮球和鉛錘，網內的魚逃不出去。　3. 曾宥輯期望為家鄉保留珍貴的特色。

1

的「活文化」。離島出走工作室特別把基地設在紅羅村，就因為這裡有石滬工班。

修復一口石滬費用從十幾萬至上百萬元不等，與石滬匠師討論後，兩位創辦人決定：錢不足以一次修完，就分階段修；修復進度慢，就積極普查和記錄。為求經濟自立和籌措經費，他們以三十萬元創業，試驗商業模式以增加收益，至少人事資金要靠自己賺，並提撥部分比例投入修復。

商模主要來自三方面：「旅行學習」以觀光客報名體驗為主，社區居民有時會來做志工；「海洋教育」推廣潮間帶生態、重現石滬與魚灶文化，社區阿姨常幫忙做風味餐；「專案執行」含括環境、石滬、地方創生等主題。

分工上，曾宥輯投入石滬學術研究、石滬與潮間帶導覽，楊馥慈負責專案執行、承接公部門委託。陳品婕是走讀好幫手，家住高雄前鎮的她是第一批加入的學子。吳鷗翔具備建立澎湖知識服務平臺的經驗，他的加入讓團隊如虎添翼。他發現，對不了解石滬文化的人而言，崩塌的現場不過是一堆亂石，了解的人則不忍見又有一口石滬從澎湖消失。「我很好奇，古老的傳統產業如何與現代生活連結？這也是我加入團隊的動機之一。」他說。

社造心內話

尋回失落的海洋之心，
傳承臺灣水下文化資產「澎湖石滬群」。

2

4

3

1.洪振坤是文化部認證的木工師傅，也是石滬匠師。　2.石滬修築曾是靠海吃海的必備技能，如今迫切需要有人傳承工法與工序。　3.夜晚是潮間帶生物的派對時間，石滬夜行者可收穫滿滿的驚喜。（2-3.離島出走工作室提供）　4.右後起為團隊成員吳鷗翔、曾宥輯、陳品婕，前為紅羅村的魚灶「總鋪師」林麗華。

整修魚灶加工廠
以體驗遊程重回世人眼前

離島出走工作室以社會企業概念成立，除了修復石滬之外，推廣漁法、漁村文化也是重心。魚灶，是澎湖傳統魚貨加工廠，一九五〇年代以前，澎湖人抓魚習慣「先醃後煮再曬」，然後出口到臺灣山區。澎湖現存魚灶不到五十座，紅羅村僅剩兩座，離島出走工作室整修魚灶並納入走讀，介紹製魚流程、煮魚乾或鹹小管給遊客品嚐，帶大家體驗曬魚。

七十五歲的林麗華十四歲開始就因為手腳俐落，常被指定負責「站灶炊魚」相對高薪的工作。她個子不高，總得搬空心磚墊腳。「站灶須掌握火候和鹽分，用篩子起鍋須角度垂直，不可拖拉，以免把魚弄碎。」物流和冷凍技術崛起之後，魚灶產業沒落，她很欣慰，有離島出走工作室團隊帶動，傳統的魚產加工技藝得以重回世人眼前。

1.澎湖人抓到魚習慣「先醃後煮再曬」，魚灶就是傳統魚貨加工廠。 2.離島出走工作室團隊逐一走訪記錄，建構起「澎湖石滬資訊平臺」。（1-2.離島出走工作室提供）

海洋是翻不完的百科
把修復石滬當成志業

以前社區居民常嘀咕不知這群年輕人在做什麼，現在會去魚灶串門子，或上活動中心直接問：「有什麼需要幫忙的？」

長居澎湖的紀錄片導演陳蔚慈觀察：「多數具備修護石滬的職人其實不知道自己的技藝有多珍貴，離島出走工作室這群年輕人讓他們獲得不同的成就感，也感受到社區未來有更多發展的可能性。」

曾宥輯強調：「我們不只是為了把石滬修完，而是想把石滬帶到眾人眼前，把修復技藝傳承下去。」未來能將修復石滬轉化為大眾可參與的活動。楊馥慈則期盼，未來能成立一座石滬博物館，讓全世界看見澎湖石滬，讓這項珍貴的漁村技藝永續，成為代表臺灣傳統漁業文化的地景徽章。

2

離島出走工作室

成立：2017年
組織人數：6人
地址：澎湖縣馬公市西文里15號
電話：0978-881955
網址：https://stoneweir.info/
FB粉絲專頁：離島出走 isle.travel

Community
Revitalization
PART

IV

新價值

用創新
傳承文化脈絡

- 新竹 新竹縣九讚頭文化協會
- 苗栗 苗栗縣苑裡鎮山腳社區發展協會
- 臺中 水源地文教基金會
- 雲林 雲林縣古坑鄉華南社區發展協會
- 花蓮 洄遊吧 FISH BAR
- 花蓮 高山森林基地

新價值

15

新竹縣九讚頭文化協會

把內灣線山城魅力化為幸福感

文：陳培英　攝影：張家瑋

內灣老街不只是老街，「新竹縣九讚頭文化協會」將臺鐵廢棄宿舍改造成「好客好品希望工場」，設置多處在地品牌櫃位，推動手作體驗，吸引遊客不只停留用餐品茶，而樂意待上更久、體驗更深。

「火車來了！」內灣線列車緩緩駛入，原在「好客好品希望工場」享用擂茶與麻糬的客人紛紛離座，各自找好角度欣賞火車進站。有的舉起相機仔細對焦，有人睜大眼睛想看得更清楚，心急的，立刻奔向站臺準備和火車來個近距離合影。

這是好客好品希望工場每小時就會出現一次的景象。這裡原是臺鐵廢棄宿舍，由「新竹縣九讚頭文化協會」改造活化而成。由於緊鄰內灣車站，相對高的地勢加上青山綠樹背景，成為欣賞火車的制高點，鐵道迷都知道在此拍攝格外好看；九讚頭文化協會則運用此地天然優勢，將客家、鐵道與在地慢活氛圍融合，讓遊客知道，內灣老街除了野薑花粽之外，還有很多隱藏版玩法。

1. 合興愛情車站是內灣線重要景點，常有情侶來此約會或拍攝婚紗照。

全國文藝季
啟發內灣在地文化運動思維

九讚頭是新竹縣橫山鄉的客家聚落。在地居民吳明忠憂心下一代愈來愈不會說母語，創立九讚頭文化協會，與妻子、鄰居共同創辦《九讚頭月刊》，蒐羅客家俚語並報導鄉里要聞，希望客語受到重視。

組織日益茁壯，一九九八年九讚頭文化

坐在合興愛情車站的愛情候車室，
吳界（右）和鄭雅純（左）聊起因九讚頭結緣，
進而攜手共度一生的故事。

協會正式立案，以「傳承客家文化、推展社區營造」為目標。彼時還在就讀小學三年級的吳界跟在父親吳明忠身邊，由小參與者到大學志工，乃至後來擔任理事長，一路見證協會的發展。吳界說：「九讚頭有全臺第一個兒童客家布偶劇團，是許多在地人的共同回憶。客語在這裡沒被淡忘。」

社區營造、民間文化運動風起雲湧，吳明忠聽說常有人對社會運動過於狂熱而衍生家庭問題，他想防範未然，加上母語推廣亟需仰賴家庭的力量，因此協會招募會員以家庭為單位。早期以新興村、大肚村和沙坑村為主要服務地區，一九九四年文建會舉辦第一屆全國文藝季，協會搭上「內灣線文藝季」的熱潮，在合興車站舉辦老照片展和市集，影響力開始擴散，漸漸遍及橫山鄉與內灣線沿線鄉鎮，「整條內灣線是一個生活圈」的概念漸漸成形。

二〇〇〇年協會與漫畫大師劉興欽合作，在內灣村老屋創立「劉興欽漫畫發明展覽館」，開啟硬體活化與軟體經營的雙重模式；後來內灣國小設立「劉興欽漫畫教育館」，原展館轉化為以展售、體驗在地文創為主的「好客好品希望工場」。此舉讓協會與內灣居民、遊客都有了更具體的接觸，間接促成合興愛情車站的崛起，內灣老街不再只是吃喝買玩的形象商圈，而是活躍起來，與整條內灣線一起脈動。

社區產業品牌化 兒童鐵道美術館超吸睛

九讚頭文化協會有三十名會員，另有十五位聘僱人員，並維持五至八位協辦

社造心內話

讓客家文化伴隨內灣線鐵道，共創山城幸福感。

人員，約七成是在地人。二〇一五年吳界接任理事長，金融專業出身的他提出以品牌概念推展社區營造的新做法。「想找解方，得先知道地方如何看待自己。」他主張將社區產業品牌化，像商業經營一樣，找出自己的特色、滿足顧客的需求，還要為在地創造就業機會，協會才有能力兼顧文化與營運。

曾是手作品牌「台灣水色」設計師的鄭雅純進入協會擔任總幹事。她表示，考量社區人口老化，協會延續原有目標，增設銀髮關懷服務，目前具體服務項目包括社區服務，以關懷老人為主，設置幸福列車長期巡迴，為在地長輩量血壓，並創立千歲主播讓老人家輪流講古；其次是兒童陪伴，以布偶劇、鐵道和美術課程，豐富在地孩子的世界；還有客家文化推廣，讓客

1. 內灣線文藝季期間，九讚頭工作隊在合興車站舉辦市集。 2. 藉由經常舉辦活動，擴散整個內灣線為一個生活圈。
（1-2. 新竹縣九讚頭文化協會提供）

語、美食、藝術以各種形式進入大眾視野。

偏鄉學校資源有限，協會與大肚、橫山、沙坑、內灣四所小學合作開發自然與人文課程，將鐵道內灣支線沿線打造成兒童鐵道美術館，這是一座無牆兒童美術館，鼓勵孩子親近大自然，由鄭雅純無償指導美勞教育。身為兒童鐵道美術館的重要推手，她豪氣地說：「整條內灣線、整個橫山鄉都是我們的鐵道美術館！協會要透過鐵道帶領小朋友認識內灣，看見這裡的美。」

兒童鐵道美術館首件出版品《新竹內灣線鐵道解謎》，兩千本在一年內銷售一空，拿著書中的超質感旅遊地圖，邊解謎邊深度認識內灣線，還可認識客家方口獅、紫嘯鶇。另一本《尋山趣》則探討內灣線，透過教案設計，把鐵道教育帶進橫山鄉與新竹市各小學。

「內灣線在竹中站換成燃柴油的火車，車廂內圓拱門藏著煤氣管，改成油電車之後，未來可作為環境教育列車，作為內灣線的特色之一。」鄭雅純說，未來還要規劃老人送餐、即期食材送援服務，從小孩到長者、從遊客到居民都要照顧：「九讚頭需要很多工作人員，我們聘不起太多老師，但能牽起更多志工的手。」

愛情車站廣集人氣　好客好品留客體驗

如今許多遊客行經橫山不再過門不入，開始懂得把車停在合興站，逛園區、喝咖啡，再轉搭火車到內灣站的內行玩法。

好客好品希望工場場長邱月嫦表示，協會打造工場，希望作為返鄉與在地青年創業培育空間及實體展售的基地，並提供社區居民工作機會，合作創造收益。設置「舊事生活」、「台灣水色」、「虎帽金工」等在地品牌，推動手作體驗，吸引遊客不只短暫停留，而樂意待上更久、體驗更深。

其中台灣水色手作布包盛極一時，轉型後萃取客家花布作為設計元素，提高日常使用率。考量社區婦女須照顧家庭，協會提供打版工具到府，讓善用針車的阿姨可用閒暇時間縫製手作品，再上電商平臺或實體通路販售，為傳統縫紉與現代行銷連

1+2+3. 好客好品希望工場邱月嫦場長（下）介紹，遊客在台灣水色實體店可嘗試絹印體驗，並獲得屬於自己的作品。

1+2+3.在虎帽金工的獨棟樹屋裡，沈詩庭設計師（立者）正指導遊客體驗金工創作。　4.到合興站搭蒸汽小火車，是許多親子共遊內灣線的快樂記憶。（九讚頭文化協會提供）

結。好客好品希望工場的台灣水色實體店則提供絹印體驗，內灣遊客花半小時即可獲得屬於自己的作品。

鄭雅純笑說：「要提供工作機會，就要讓自己有能力發薪水。協會主要收入來自體驗課程和品牌行銷，我們會繼續加油。」

4

內灣昔日礦業盛極而衰，如今協會創立虎帽金工，把採礦大槌換成金工小槌，鼓勵遊客創作、發展金工美學，也算微妙緣分。設計師沈詩庭表示，手作體驗含基礎課程，可親手敲打出橫直紋或水波紋的紀念品。曾經有一對著白紗禮服的新婚夫妻來打造對戒，在戒環內鐫刻彼此的名字和結婚日期，讓內灣成為他們愛情的見證地、生命的一部分，格外令人感動。

虎帽金工的獨棟樹屋是老理事長吳明忠帶領十幾位老夥伴動手蓋成的，他把長年蒐集珍藏的海棠花玻璃窗全用上了。樹屋透光性極好，白天置身其間就像置身大自然，夜晚點燈後，從外頭看，整幢建築像一盞流瀉溫暖的燈光。就像九讚頭文化協會在內灣人心裡的分量：無論何時，只要回家，小小的協會就像等門守候的家人，一直都在。

新竹縣九讚頭文化協會

成立：1998年
組織人數：30人
地址：新竹縣橫山鄉新興村新興街18號
電話：03-5932295
網址：www.necupark.com
FB粉絲專頁：合興愛情車站、好客好品希望工場、兒童鐵道美術館

苗栗縣苑裡鎮
山腳社區發展協會

織就一席百年工藝藺草香

文：鍾文萍　攝影：楊智仁

中秋前後，苗栗苑裡山腳社區農閒的曬穀場上，布滿一束束剛採收的三角藺，這裡是全臺唯一藺草產區，曾創下藺編織品外銷奇蹟，卻一度瀕絕。如今，看著遊客再度湧進，藺草產業「滿血回歸」的盛況，讓「山腳社區發展協會」理事長、「台灣藺草學會」秘書長黃增楨欣慰地笑了：「這是努力了二十年的成果。說真的，不容易。」

臺灣藺草編織源於原住民族的傳統手藝。十八世紀，世居大安溪下游的平埔族婦女發現濕地野生的藺草質地相當堅韌，便採來編織背袋、頭帶與席地而坐的鋪地草蓆，有些拿到市集販售，藺草織品高度透氣性與吸水性十分適合臺灣炎熱潮濕的氣候，大受漢人家庭喜愛。腦筋動得快的商戶，於是在溪的兩岸擴大藺草種植面積，並研發繁複的花式編紋、立體織法，日治時期被日人相中，為本國草編產品設計代工，在日方對品質近乎苛求的嚴格管理下，藺編技藝日趨精湛，一度躍居臺灣五大產業，產值僅次於蔗糖和稻米。

產業為社區發展之本

山腳社區正是藺編帽蓆的生產重鎮。民

1.山腳社區發展協會理事長、台灣藺草學會秘書長黃增楨致力藺編工藝復興已邁入第三個10年。 2.山腳社區是全臺唯一的藺草編織產業社區。

三角藺一年二至三收，中秋節前後收成的「秋草」草莖修長、彈性佳，是編織高級帽蓆袋包的頂級素材。（台灣藺草學會提供）

國四〇至五〇年巔峰時期，全社區超過百分之九十的人從事相關工作，很多人家都是「雙薪家庭」：男主人在外忙農事，女性在家靠著編蓆、編帽賺取小孩的學費、家裡的生活費，「手路」（編織技巧）精湛的，甚至足以養活一家老小，想娶苑裡的女孩兒，男方得出比別人更高的聘金才能如願，著眼的正是編織女性具備改善家計的「附加價值」。當時盛傳「重女不重男，種草不種米」的說法，凸顯女性備受重視的地位，也鮮活反映了藺編產業的盛況。

六〇年代，臺灣成立全球第一個加工出口區，「農業培養工業」的時代結束，傳統產業生態出現急劇變化，農村青年大量移出，農產勞動力大幅下降，山腳社區許多「客廳工廠」從藺草編織變成外銷聖

1.曬穀場上布滿一束束三角藺，陽光下，金黃潤濕的光澤如流沙般美麗。（台灣藺草學會提供）

誕燈飾、布偶、玩具的組裝。四十一年次的藺編工藝師吳彩卿說起當年許多姐妹改行的緣由：「編藺草得整天坐在地上，腰痠背痛，去工廠上班人多熱鬧，收入也更高。」

黃增楨苦笑：「種藺草成本是水稻的三倍，而且一定要人工手編、要陽光充足曝曬，相較於快速規格化的工業產品，藺編的『慢』，好像有那麼一點不合時宜了。」七〇年代塑膠興起，中國、東南亞低價品傾銷，山腳社區曾經富裕的農村經濟，隨著人口外流與藺草種植面積的萎縮，一點一滴消退無蹤。

有根的工藝才能永存

本地人俗稱「蓆草」、「苑裡藺」的三角藺草僅分布於大安溪以北、苑裡溪以南各十公里的臨海沼澤濕地，極為珍貴，藺編發展三百年，是山腳社區的立業根基、文化寶藏，也是藏在每個苑裡人基因裡的ＤＮＡ。在山腳社區打探藺編二三事，任何人都能說出個道理來，問問編工去哪學的藺編技術，還可能得到一個困惑的表情：「看多就會了，哪需要學？」

黃增楨觀察，絕大多數居民對藺編的耳熟能詳，來自於童年深刻的記憶、生活中頻密的接觸和鄰里鄉野間遍布的藺草氣味與畫面。「有種植藺草的農民、有專門收購藺草的商家、編織生產的編工、轉運販售的『販仔』和貿易行、專賣帽蓆產品的店鋪，共同建構出山腳社區的核心產業鏈與相互緊密依存的生態網絡，這正是生活工藝最重要的文化底蘊。」他擔心，如果無人種草、無人編織，藺編產業會斷層甚

社造心內話

復興藺草產業，
讓國寶級技藝再次發光！

1.苑裡人用苑裡草織就一頂頂藺草帽，也織出山腳社區300年的繁盛。　2.藺草質地柔軟堅韌，禁得起析草、拋草、搓草等反覆拉扯的繁複工序，具有易於塑形的優良特性。　3.山腳社區致力保存傳統藺編技法，引入青年投入創新設計，並推出各式藺草工藝體驗行程。（台灣藺草學會提供）

至消失，山腳社區未來發展將無以為繼。

黃增楨與山腳社區發展協會前理事長葉文輝同為在地國小老師，一起見證過藺編產業盛極一時的榮景，眼見家鄉重蹈臺灣農村人口外移、農田休耕而逐漸凋零的覆轍，齊心努力振衰起敝。二〇〇三年，兩人自教職退休，分別擔任山腳社區發展協會理事長與總幹事，積極投入帽蓆編織復興，展開社區營造行動。

第一步是「把人找回來」。透過政府各種補助、多元就業方案，挨家挨戶尋回十位資深工藝師，以固定鐘點薪資聘僱，讓她們專心投入，恢復早年以編織為業的工作模式，以維持藺編產業的傳統與正統。二〇〇九年再成立「台灣藺草學會」，與山腳國小合作，開設二至六年級藺編課程，並與臺南藝術大學助理教授陸佳暉合作出版《紀錄．編藺人》、《藺編日日學》，將向來仰賴隨身示範和口訣傳習的藺編技法，白紙黑字扎扎實實採集記錄下來，成為藺編文化歷史傳承的重要史料。

山腳社區再出發的新起點

七十歲的吳彩卿從少女時期就是藺編高手，後來因為帽蓆需求減少、產線中斷，不得不改到工廠上班，二十年前應社區之邀回來「重操舊業」，很是開心。已晉級阿嬤的她寶刀未老，紋路、花色、編法全記在腦子裡，信手捻來就能做，但她說現在和以前不同了：「不能只會『老步』，還要了解年輕設計師的想法，作品才會受歡迎。」七年前，她與另一位工藝師劉彩雲與旅英設計師陳劭彥合作，花了三十天時間，為藝人舒淇創作藺編禮服，巨星風采映襯下，藺編衣飾特有的堅韌、柔軟、精巧、細緻服貼的特性，首度透過國際時尚媒體完美呈現，刷新民眾對藺編工藝的想像。

「藺編就是山腳社區的生存命脈，不但要跨出熟悉圈，還要走得深、走得廣，才能走得遠。」幾年前葉文輝病逝，黃增楨接棒社區與學會事務，更加緊鞭策團隊的腳步不能慢、不能停。二〇一八年成立工藝師認證制度，每年七月、十二月進行兩梯次的工藝師培訓，初級班已有二十三位通過認證。二〇一一年與鎮上樂齡中心合作成立「藺草編織服務團」，讓精熟者教導初學者，製作藺草甜甜圈與拍痧棒成為運動輔具，達到健身又能復興地方產業的效果。

近年社區與致民國中、苑裡高中、聯合大學合作舉辦生涯發展教育藺草編織課程，從小學到高等教育，讓在地學生認識苑裡文化與產業，讓藺編產業種子全面扎根。二〇二一年新冠肺炎疫情蔓延，趁著遊客銳減的空檔，將位於慈護宮後方、學會旁的農村文化館重新改建為山腳社區農村工藝生活館，如今是一處兼具手作、展示、講習聚會、導覽解說的古典氛圍空間，原木門、紅磚底座、雪白泥牆覆以乾稻草鋪蓋的屋頂，在綠意環抱中，宛如山腳社區新地標般迷人搶眼。

念工業設計系的八年級生林咨宥大學來到山腳社區與台灣藺草學會實習，畢業後決定留下來擔任專案經理，看見農村產業的侷限，更讓她覺得，如何協助社區讓藺編工藝發揮品牌價值與魅力，是年輕一輩設計人責無旁貸的使命。

黃增楨爽朗笑說：「傳統藺編需要像他們這樣的年輕世代來挹注創意。」最成功的例子，就是社區第一代專案經理廖怡雅自創「藺子」品牌，用上一代留下的好技藝，開啟新一波藺編浪潮。

1.山腳國小日治後期宿舍群維護完善，是山腳社區展示藺編作品的極佳場域。　2.林咨宥認為讓藺編工藝發揮品牌價值，是年輕一輩設計人的使命。

黃增楨期許有更多這樣的例子發生，為藺編產業注入活水，不限地域、跨出世代的遍地開花，不僅是山腳社區再出發的新起點，也要陪伴世世代代的人們，重新感受百年前臺灣那個有藺草相伴、優雅從容的美好年代。

苗栗縣苑裡鎮山腳社區發展協會

成立：1993年
電話：037-744252
組織人數：4位專管、8位工藝師
網址：www.tshiohrushcraft.com.tw
地址：苗栗縣苑裡鎮山腳里14鄰378號
FB粉絲專頁：苗栗縣苑裡鎮山腳社區發展協會

水源地文教基金會

我們的藍調時光

文：陳培英　攝影：張家瑋

一九九九年發生的九二一大地震重創臺灣，這場二戰後臺灣傷亡損失最慘重的世界級天災，震撼全球，因此，近年許多人在國際展場看到美麗出眾的藍染藝術作品出自九二一重災區之一的臺中太平，無不驚歎。

葉晉玉任教於國立臺中科技大學時，常帶學生做環境志工，為了擴大帶動志願服務的風氣，一九九八年選在曾為自來水廠水源地舊址創立「水源地文教基金會」，以地為名，希望追本溯源、深入服務地方。九二一驚天一震，毀了許多人的家園。

1.從布飾、服飾到家飾，獲獎無數的太平藍走出更寬廣的路。

基金會第一時間受當時的行政院青年輔導委員會委託，號召青年志工前進災區，到南投國姓、中寮及臺中東勢、石岡、新社、霧峰、大里、太平等地駐點救援。

太平舊稱「鳥榕頭」，是葉晉玉的第二故鄉，在地震中因車籠埔斷層錯動，一江橋斷成四截。葉晉玉思索：「一旦捐贈資源用盡，災區還剩下什麼？」葉晉玉決定在太平區頭汴社區及東汴社區、和平區松鶴部落，以及北區水源地社區長期耕耘。當時的文建會社造員侯水河回憶：「早期對社區營造毫無概念，常有居民問：『是要在社區裡蓋房子嗎？』」他認為，水源地文教基金會給地方引進了一股新生鼓舞的力量。例如有次水災後大缺工，幸好葉晉玉緊急申請勞委會方案，啟動在地臨時工作人力，才得以紓解。「這

水源地文教基金會葉晉玉董事長推動客家藍染，
為災後的太平地區挹注新生的力量。

份調配資源的靈活度，是基金會的優勢之一。」他說。

藍染建立生存命脈 用品質打動人心

葉晉玉強調：「沒有就業機會，說什麼復甦都是枉然！」頭汴坑山區是客家人聚集的村落，出身客家的他靈感乍現：何不推動藍染？

早期客家人買不起好布料，用藍染來增加變化，這項傳統且天然的染色技藝曾被譽為「藍金」。葉晉玉請藍染專家湯文君老師傳授技術、亞洲大學林青玫教授指導設計，名師慨然襄助，在那個災後重建第一、多數人急於謀生的當下，竟乏人問津。基金會透過「中彰投多元就業方案」提供工作機會，終於吸引在地居民願意邊工作邊學習，成為社區藍染第一批種子部隊。

二〇〇八年成立染布工作坊，緊接著創立「Taiping Blue太平藍」品牌，葉晉玉把握每一次甄選機會，積極參賽，經常鎩羽而歸，作品還被批「太平凡」。他獨自

將失落吞下，回社區繼續鼓舞團隊：「評審說做得不錯，我們要更努力、更不平凡一點！」

他勉勵成員不能只靠政府補助而活，應該把社區、把基金會當成企業經營，不要期望別人因同情來買，而是要讓產品好到讓人想擁有。

境隨心轉，二〇一五年「太平藍」以藍染餐墊、檯燈和抱枕代表臺灣參加泰國國際工藝創新展，兩年後參加NOOK亞洲・新加坡國際家具展並榮獲最佳裝飾評審團大獎，還參加日本東京國際家居生活設計展，二〇二二年參加法國巴黎時尚家居設計展，成功跨出國門，被世界看見。

鼓勵居民在工作中贏得尊嚴

堅持傳統藍染技法，團隊在蝙蝠洞附近

1.太平藍創作團隊開心介紹藍染得意之作。右起詹雅汶、江婕妤、張蓤、徐陸天、林鳳珠、林麗貞。　2.水源地文教基金會製作藍染山水畫及教學。　3.葉晉玉（中）代表太平藍於2017新加坡國際家具展（IFFS/AFS）獲頒手工藝及工藝類的最佳裝飾獎（Best Decor Award-Handicraft and Handcrafted category）。（2-3.水源地文教基金會提供）

栽種俗稱「大小菁」的馬藍與木藍，調出二十二種不同深淺的藍。太平盛產枇杷，基金會收購枇杷樹的廢棄枝葉熬煮成染液，從此太平藍除了藍與白，又多了幾抹濃淡相宜的黃。

設計師江婕妤與品牌專案經理詹雅汶，遠道而來加入太平藍。江婕妤的工作包括產品解構、開發設計、材料測試、包裝規劃、教案設計、對外教學，還會參與行銷；她形容藍染就像老師，「每當感覺好像學得差不多，很快又會出現驚喜，吸引我繼續學下去！」

詹雅汶原從參與社服計畫，在葉晉玉鼓勵下轉換社區產業。她欣賞染布工作坊的互動氛圍，設計師會把發想過程告訴工藝師，工藝師也會回饋實驗結果，彼此間有一種更勝語言的溝通方式與默契，推升作品更上層樓。

不信藍金歲月喚不回

藍染程序繁瑣，淺染三至四次，深染十六次，每次浸染和氧化各三分鐘，一輪四次需二十四分鐘，每染一輪須先曬乾，然後過水再染，曝曬十幾分鐘到兩、三天不等，做一條圍巾需長達一週時間，完全是慢工出細活。

出身在地的藍染工藝師各有所長：林麗貞負責綁紮，張蔭善於浸染，林鳳珠最愛藍染深富挑戰性，徐陸天退休後，從藍染工藝獲得成就感，這群已屆退休之齡的在地大哥大姐，因太平藍重新獲得肯定與尊嚴。

近年太平藍持續以作品驚豔世人。「藍金歲月掛鐘」以十二個扇形漸層表現時

社造心內話

讓客家藍染工藝踏上國際舞臺，
為臺中太平地方創生。

1. 2018年水源地文教基金會辦理國際工作營整理荒地種植藍草。　2.藍染工序繁複，太平藍做一條圍巾需要一週左右的時間。（1-2.水源地文教基金會提供）

1

間的推移，獲經濟部金點設計獎；「藍染木質掛鐘」把藍染運用於柳杉並結合木雕，入選台中原創獎；「藍染少女洋裝」拿下法國巴黎春天百貨設計師訂單，並四度入選臺北時裝週。

「從布飾、服飾到家飾，太平藍營收占總收入六成；基金會二十四位成員中有十位從事太平藍設計及工藝製作工作，大家齊力推動太平藍與生態導覽。」葉晉玉坦然地說：「基金會是社會企業，自給自足走得更遠。」

大小菁種植的同時也進行生態復育，漸漸地，消失三十年的臺灣葉鼻蝠回來了，頭汴坑歡欣舉辦「蝙蝠洞復活」通水典禮。基金會不僅因此榮獲二〇一八年國家永續發展獎，更因人才培訓、設計發展表現傑出，兩度拿下國家人才發展獎，更榮獲教育部社會教育貢獻獎。

推動深度旅遊　帶動社區共好

基金會既是社區營造重鎮、太平市深度旅遊服務中心，也是身心障礙者與老寶貝的社區關懷據點，三種看似不同性質的業

水源地文教基金會

成立：1998年
組織人數：24人
地址：臺中市北區育才街3巷3號3樓之4／臺中市太平區長龍路四段20號
電話：04-22277826
網址：www.youngwater.org.tw
FB粉絲專頁：水源地文教基金會、Taiping Blue

務，除了相輔相成，還能與社區其他據點串接，擴大影響層面。

每週五為服務日，居民聚唱，鼓勵身障朋友以手腳打拍子，社區高齡阿嬤在外籍看護陪同下，拿手搖鈴打節拍，每當舉辦國際工作營、關懷長輩活動或深度小旅行時，頭汴和東汴鄉親就會主動幫忙。為了製作植物染，基金會向果農收購廢枝葉、向蜂農收購蜂蠟，藍染養缸用的米酒與麥芽糖則向酒莊、柑仔店採購。這些特色農園、店鋪、酒莊，就是社區深度旅遊行程的最佳亮點。

例如第三代果農湯上棋經營的太平酒莊，以黑葉荔枝釀酒為代表作，與生態主廚鄧玲如、有機芋頭達人林進財合作以荔枝酒入菜，「貴妃醉蜜香芋」征服無數老饕的胃。蚯蚓哥哥之家也是亮點，菇蕈太空包變農業廢棄物後，澆水可養殖蚯蚓，二至三個月即形成蚯蚓糞土，用於養殖和種植，對大地是良性循環。

「發揮社區營造追求共好的精神，與在地夥伴相互提攜，一起成長。」葉晉玉感性地說，感謝政府給予的基礎，團隊未來不僅將持續推展藍染工藝、生態復育及志工培訓，期盼透過眾人的努力，照亮社區成為復興藍染工藝的明日之星，一閃一閃亮晶晶。

1.太平藍的木質藍染掛鐘以獨特的木雕技術結合藍染漸層意象，榮獲2022台中原創——工藝品類品牌認證。　2.太平酒莊湯上棋以荔枝酒和有機芋頭達人林進財、生態主廚鄧玲如合作，一道「貴妃醉蜜香芋」是太平遊客必嚐的點心。

雲林縣古坑鄉
華南社區發展協會

廢校復興 極限村落的逆襲

文：李佳芳 攝影：王士豪

華南社區此時正值休耕期，田野間綠意綿延，蜻蜓、蝴蝶輕旋飛舞，一片令人欣喜的生意盎然，很難想像，這裡曾是個荒蕪的「限界集落」。絕地裡重生的故事，要從一所面臨廢校的小學說起。

車子駛入雲林與嘉義交界的古坑鄉，在崎嶇山路間迂迴前行，連接起沿線一個又一個散村，沿線村名都有自己的個性與特色：菜公坑、番尾坑、田寮坪、桃仔園、坪仔頂……每個地名都代表了一種或數種農業產業的標記。其中華南社區曾經是重要的竹加工區，人們靠著編織米籠、畚箕、蒸籠、魚簍、搖籃等民生用品，維持了好幾代人的生計。

學校與社區連結　與大地重新對話

然而隨著時代演進，傳統產業沒落，山村頓失經濟依靠，加上颱風豪雨季節時有土石流衝擊，青壯人口大量移出，使得華南社區成為社會學家口中的「限界集落」（即六十五歲以上人口占半數以上，共同體機能已達到極限狀態的聚落），社區裡的華南國小只剩下二十三位孩子，瀕臨裁併或廢校。前任校長陳清圳決定放手一搏，提出華南國小轉型實驗學校的申請，試圖為偏鄉小校找尋生機。他修建原

1.華南國小的廢校小學逆襲，意外帶動華南社區的創生。

華南社區扮演串起人與土地的橋梁角色，
透過綠飲食、綠療育及綠照顧，
建構以農業為本的里山實踐。（華南社區發展協會提供）

為保健室的窳陋空間成立醫療站；舉辦農產品義賣活動，用所得支付醫療車司機的薪水，第一步先健全山村的醫療與生活機能，也就是此時，華南社區開始以學校為中心，重新運轉了起來。

彼時來校協助教師甄選的賴雅芬，被陳清圳的熱情感動，決定留下擔任教師，從事社區工作的妹妹賴雅玟也受到感召，兩人決定加入由學校與社區共組的「華南社區發展協會」，與師生共同展開一連串行動。

全村都是孩子的學校

社區榮譽理事長劉清極是當年率先參與協會工作的地方居民。華山國小華南分校第二屆畢業生的他，對學校與社區懷抱深厚情感，即便鄰里不看好，依然

1. 由醫師賴成宏2009年開始駐診的醫療站，成為社區重要的支持系統。 2. 華南國小現任陳啟政校長（右）與賴雅芬老師（左），是童青銀共學的重要推動者。

抱持「先做給人看」的精神，積極投入社造運動。

擔任協會理事長的八年期間，他與兩屆校長合作，分頭號召村民、寫企劃書，申請農村再生培根計畫、農村再生計畫、洄游農村計畫……為貧瘠山村爭取教育培力資源，將散村凝聚起來。感受到協會的熱情與行動力，農會家政班班長陳郭笑主動無償提供土地給孩子們種菜，將閒置的柳丁倉庫改造成全村的「阿嬤ㄟ灶腳」，由於經費有限，屋內那張共食原木大桌是社區請鋸木廠切片，村民一起磨出來的；社區則把山上的舊配藥室改造「石梯田書屋」，打造友善開放休憩空間。

學校與社區互動密切，社區就像是學校的戶外教室、活教材，老師們用來設計發展四季課程，以及三套桌遊教材，內容結合古坑的淺山植物與傳統竹產業，還有在地咖啡產業的完整生產供應鏈，讓孩子們在遊戲中學習知識，並與社區實作互相搭配，成為一套與實境生活結合的學習系統。

「有人要示範怎麼玩嗎？」賴雅芬在課堂上問，語一落，孩子們爭相舉手。在有趣的桌遊裡，孩子們用卡片比賽，自然而然記住古坑鄉的六種竹子，下課去竹林裡校外教學時，聽阿公阿嬤講「筍龜」的故事，很快就聯想到卡牌上代表鬼牌的臺灣大象鼻蟲。「以前農民認為這是害蟲，但牠其實是臺灣特有種。」解密後的昆蟲成了孩子竹林尋寶的對象，不只孩子玩得起勁，老人家也興味盎然。

青銀共學　打造自給自足的山村經濟

投入實驗教育以來，華南實小每年舉辦

1

三場生態祭典：春分的「惜山祭」、穀雨的「告天祭」、立冬的「謝天祭」，邀請社區耆老與外賓共襄盛舉。這個儀式活動的意義不只是向山林許諾，同時感念長輩的辛勞，與社區共享努力得來的成就，連續舉辦十二年下來，與社區形成緊密的共伴關係。

來到村裡，一所民宅前的屋埕正在進行「華南人生七味餐4.0」課程，這是透過社區志工媽媽們煮（組）成——酸、甜、苦、辣、鹹、鮮、澀七味，設計出屬於山村地方風味料理。在開放式棚下廚房裡，認真參與的學員們，都是滿頭銀髮的阿公與阿嬤們，其中幾位還是畢業於華南國小的校友，此時重回學生身分，展開新的學習。社區以開放的態度，邀請社區長輩一起來當同學，學茶道、陶藝、染

社造心內話

以教育為中心點，學為經，人為緯，
集結出地方能量。

1.柳丁倉庫改造的「阿嬤ㄟ灶腳」，成為社區舉辦生態盛宴的空間。
2.華南社區每年4月配合穀雨節氣舉辦告天祭，進行一系列生態保育知識與戶外探索活動。（華南社區發展協會提供）
3.孩子們拿到桌遊教材「食竹生活家」，馬上玩得不亦樂乎。

布、手沖咖啡，讓學習不分年齡、無遠弗屆。

社區發展協會用心爭取各部會計畫、導入培力，社區長輩與工作團隊快速增能進化，各懷絕技，有人擅長料理、擺盤及咖啡沖煮，有人擅長染布創作，有人會竹藝編織……不只常化身孩子的學長、學姐，成為帶領手作體驗的老師，也參與客製化遊程規劃，發展出華南社區獨有的生態旅行體驗。

社區不定期舉辦小市集，或是利用電商、家長群組推播銷售農產品，有時也在課程裡融入農創實作，引導孩子設計包裝，親上綠色隧道市集練習銷售，把義賣所得回饋給社區醫療中心，加上社區自主運作的生態活動，雙方合作賺取社區發展基金，用於長輩節慶共餐、維持醫療中心與醫療車營運，形成自給自足的山村經濟。

在社區中學習的新校園運動

如今華南實小聲名大噪，不僅本地學生回流，連外縣市家長也想方設法希望送孩子跨學區就讀，就學人數成長達四倍之多，不只免於廢校，更獲得教育部十大經典學校，二〇二二年教育部教學卓越金質獎殊榮。華南社區也成為社區營造、地方創生典範。二〇一九年被評定為全臺十大暖心社區、二〇二〇年度獲第二屆金牌農村雲林金獎，並代表雲林參與全國賽，摘下第二屆全國金牌農村銀獎殊榮。「我們連阿嬤ㄟ灶腳、石梯田書屋都得到建築園冶獎喔！」賴雅玫忍不住炫耀，這是社區共同的驕傲。

華南實小第四十一屆畢業的余柏成，決

雲林縣古坑鄉華南社區發展協會

成立：2005年
組織人數：6人
地址：雲林縣古坑鄉華南村華南94號
電話：05-5901270
網址：www.yunlinhn.com.tw
FB粉絲專頁：土地零距離

定返鄉，接承父親的愛玉園，推出「余家愛玉」品牌，踏出青年洄游的第一步。十多年前種下的社造種子，如今已經開花。華南實小現任校長陳啟政堅信，教育是社區營造、地方創生的根基，這把燃起的社造火光，還要繼續為華南社區的下一代、下下一代……繼續照亮。

1.有型農夫與農婦發揮創意，改造農藥配藥室為石梯田書屋。 2.由第二代接手的「余家愛玉」，是華南社區在地孕育的創生品牌。 3.余家愛玉品牌推手余柏成，是華南社區啟動社造之後首位青年洄游代表。

洄遊吧 FISH BAR

用古老漁法 推動食魚教育、海洋永續

文：蕭玉品　攝影：羅正傑

花蓮七星潭遠方閃閃發亮的海面，漂著兩個操場大的浮球漁網，那是在花蓮有百年歷史的定置漁場，蘊藏著古老先民的智慧。以前遊客來到這裡總是拍照、打完卡就走人，但只要選對時間，就會看到「洄遊吧」團隊在海邊解說花蓮百年歷史的定置漁法、一支釣等友善的被動捕撈漁法，還能一睹直入直出的「膠筏衝浪」收魚方式。「原來七星潭這麼豐富好玩！」他們說。

「洄遊吧」創辦人之一的黃紋綺，外公家族在七星潭經營定置漁場，自小就喜歡海的她，寒暑假總愛往花蓮跑。中山大學海洋環境及工程研究所碩士畢業後，一心想讓更多人認識海洋：「臺灣人愛吃魚，魚，是人類最接近海洋的媒介，若從食魚教育切入，或許是個好角度。」二〇一六年，她放棄出國攻讀博士的機會，說服具有教育背景的黃土人一起回到花蓮，創立「洄遊吧 FISH BAR」。

1. 會創立「洄遊吧 FISH BAR」，黃紋綺說，是為了傳遞食魚教育與海洋永續理念。

盤點在地文化資源　三大業務向前衝

創業第一年，她申請到文化部「青年村落文化行動」計畫，展開田野調查，遍訪在地長輩、耆老，收穫不少，其中令她最驚訝的是，花蓮的柴魚文化。「現在遊客最熟悉的花蓮名產，不外乎麻糬、花蓮薯，但五十多年前，花蓮最有代表性的伴手禮其實是柴魚產品。」日治時期，日本人在東海岸發現號稱「黑金」的柴魚，這也正是花蓮、臺東到蘭嶼都設有柴魚加工廠的來由。

在花蓮七星潭海邊，
能看到在岸邊直入直出的「膠筏衝浪」收魚方式。（洄遊吧提供）

另外在與漁人互動的過程中，理解每間定置漁場的網具設置、捕撈魚種、作業時間，以及清楚定置漁法利用海流讓魚群游入網內、不至濫捕等細節。「進行全盤性的了解，再來思考『洄遊吧』該如何開展業務。畢竟我們不想純做商業觀光，必須要有更多在地文化在裡頭。」

剛創立時，周遭長輩擔心兩個年輕人撐不下去，總不吝伸出援手。像是七星潭「防空洞脆皮冰淇淋」老闆曹光斌，便是大力協助的在地通。曹光斌堪稱七星潭的「活歷史」，一九八〇年代在當地從事定置漁業，後來前往日本從事漁業，返臺後改為經營冰淇淋攤，見證了七星潭從漁村變成觀光區的歷程。「年輕人願意研究定置漁業、推廣食魚文化，能讓傳統漁法被更多人認識，是很好的事。所以想知道什麼，我就統統告訴他們。」曹光斌爽朗地說。

就在長輩協助、梳理田調獲取整合的資訊下，二〇一七年，黃紋綺和黃士人逐步歸納發展出「洄遊鮮撈」、「洄遊潮體驗」和「洄遊平臺」三大業務。

不只賣魚　也賣永續海鮮理念

「洄遊鮮撈」是指提供相對友善捕撈漁法的漁獲給消費者。洄遊吧只賣《臺灣海鮮選擇指南》裡綠燈（建議食用）、黃燈（酌量食用）的魚種，堅持挑選二十四小時內離水上岸、已達性成熟的魚，並製作全臺首個野生漁獲溯源標籤，所有鮮撈商品的包裝清楚註明魚種名稱、產地來源、捕撈處理與保存時間等訊息，「我們不只賣魚，也賣永續海鮮

社造心內話

Be the change you want to see in the world.
成為你想在世界上看到的改變。

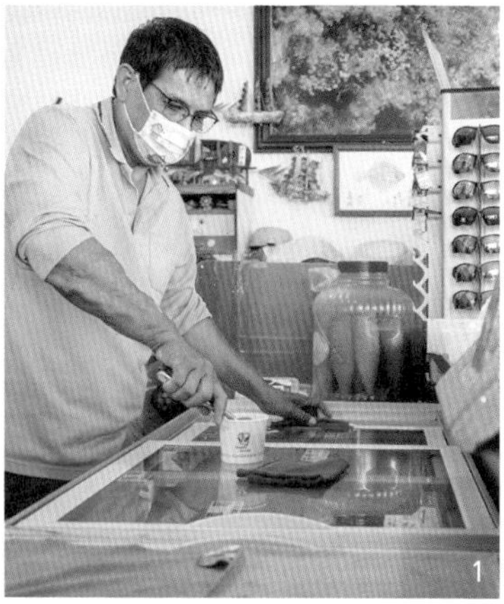

1.「防空洞脆皮冰淇淋」老闆曹光斌，經常對黃紋綺講述七星潭的歷史。

2.「洄遊鮮撈」提供相對友善捕撈漁法的漁獲給消費者。（洄遊吧提供）

的理念。」

起初，漁夫們對黃紋綺的挑剔程度相當不以為然，氣說挑成這樣，乾脆不要來買。然而時間一久，看兩個年輕人清晨五點就起床看收魚、挑魚，又自己殺魚，做三清、打零、包裝，加上從不砍價，漸漸被他們的精神感動，現在彼此已經培養出默契，知道要特別為「洄遊吧」留哪些魚。「要有比較好的收購價格，讓人家有錢賺，彼此的事業才能永續呀！」黃紋綺說。

當初挑魚時，她老愛拿被歸為下雜魚的「七星仔」，被魚販取笑不識貨，「但七星仔其實相當美味，只是食用時要剝皮較麻煩而已。」她指出，在《臺灣海鮮選擇指南》中，黑鮪魚已經亮起紅燈（避免食用），許多人卻因為缺乏認識更多魚種的

1.「洄遊潮體驗」有闖關遊戲、型男料理、漁人調酒等各式活動，鎖定不同族群。　2.許多意見領袖紛紛造訪洄遊吧、給予回饋，象徵努力的成果。　3.參加過洄遊潮體驗的大小朋友，不僅不怕魚，還能侃侃而談各種魚的知識。

管道，仍習慣吃黑鮪魚、進口鮭魚跟鱈魚等明星魚種，「但七星仔在臺灣周邊數量非常多，如何讓好魚被認識、被喜愛？就是食魚教育的重要性，也正是我們要努力的課題。」近三年受疫情影響，鮮撈商品的銷售占比節節升高，最近洄遊吧再推出鰹魚鬆等常溫、加工品以滿足消費者需求，也頗受好評。

至於「洄遊潮體驗」，則有闖關遊戲、型男料理、漁人調酒等活動，分別鎖定校外教學、一般散客和旅行社團客。黃紋綺留意到，近幾年來，受到海洋教育列入一〇八課綱、《食農教育法》通過、環境教育場域認證風氣興起等影響，老師亟需教學內容與環境，而洄遊吧便是最佳場域。學生可以在七星潭觀察魚類、認識魚具，觸摸鬼頭刀的鰭、牙齒，玩闖關遊戲、集章換獎品，寓教於樂。

善用臺灣優勢 以食魚教育交流

「洄遊平臺」則是終極目標。洄遊吧的英文「FISH BAR」，是希望所有人能在此輕鬆暢聊漁業、海洋。臺灣位於熱帶與亞熱帶的交會處，有黑潮、親潮流經，因此地方雖小，周邊卻擁有全世界十分之一的魚種，也孕育出強大漁業，「如何用食魚教育與人交流，讓臺灣被看到，是平臺的功能。」

業務繁多，除了團隊夥伴，還得仰賴社區及漁場夥伴相助。七星潭周邊的定置漁場曾經歷過家族改革階段，如今已由二、三代年輕人返鄉掌舵，彼此常聚會、閒聊、互相支援。

像是「嘉豐定置漁場」會計黃品澄二

○一七年回到花蓮，負責家族漁場的帳務、漁工後勤補給和販售生鮮漁獲等工作。漁村出身也做過餐飲業的他知道，漁民的飲料不是珍珠奶茶，而是保力達B跟維士比，因此規劃「漁人調酒」活動，一一請教漁撈長、臺籍和外籍漁工，整理出「阿比」、「阿B」甚至米酒該怎麼套的細節，並在活動中親自示範手沖咖啡、拉花、套入不同補給飲料，最後調製出一杯咖啡酒；又帶領遊客玩起大風吹，要大家變出輪機長、船長、船員常用的工具，包括五十多歲的長輩、國小老師，所有人都玩得不亦樂乎。

「型男料理」則邀請定置漁場的二、三代，選出五種七星潭代表魚種，介紹給消費者。黃紋綺表示，這些活動都是和漁場的漁人們討論、溝通定案的，因為他們在第一線，才會有這些靈感。「有時要帶遊客看膠筏衝浪，關於當天海象、是否有漁獲上岸等訊息，到漁人群組發問，總能快速獲得解決。」更重要的是，除了消費者藉由參與洄遊吧的活動了解生產者，漁人也能近距離了解消費者的想法，進一步反思自己能為傳統定置漁業做出哪些創新。例如黃品澄就和幾位夥伴推動減塑運動，希望消費者購買漁獲時自備購物袋，為海洋減塑盡一分心力。

洄遊吧創立至今六年了。以前有導遊會對旅客說「定置漁場就是和西部一樣的『箱網養殖』」，也有遊客指著河豚叫海膽，鬧出不少笑話；最近不太一樣了，有位媽媽和黃紋綺開心分享，女兒參加過洄遊吧體驗活動後，如今逛市場看到鬼頭刀，竟然會說「代表秋天到了。」

洄遊吧 FISH BAR

成立時間：2016年12月
組織人數：正職7人／兼職10人
地址：花蓮縣新城鄉七星街32號2樓
電話：0910-443888
網址：www.fishbar.com.tw
FB粉絲專頁：洄遊吧 Fish Bar

1.走進洄遊吧，處處都是和海洋、食魚有關的元素。（洄遊吧提供） 2.透過洄遊吧印製的手冊，所有人都能認識七星潭與海洋文化。

「很感動！希望大家能逐漸體會，生活在海島上如何跟海互動，讓海洋文化在生活中一點一滴累積。」

二〇二二年暑假，洄遊吧首度走出花蓮，展開環島之旅，在宜蘭、臺北、新竹、嘉義、臺南等地傳遞理念，期待能串聯臺灣各地食魚文化，將食魚教育、海洋永續的種子向外散播，開花結果。

新價值

20

高山森林基地

冒險、生態與文化體驗 激發生命感動

文：蕭玉品　攝影：古偉浩

望文生義，花蓮豐濱鄉磯崎村「高山森林基地」位於高山部落；而「高山」並非意指很高的山，而是全臺唯一海岸布農的棲息處。一九三三年，「高山森林基地」布農族創辦人馬中原的祖父為了找尋更好的生存條件，從南投翻山越嶺，來到這處周圍被海包圍的淺山定居，寫下高山部落歷史第一章。

1. 高山森林基地創辦人馬中原（右）和國小同學陳志義（左），致力向大眾呈現高山部落多元族群共生的樣貌。

「高山森林基地」創辦人之一的馬中原說起創立基地的緣由，其實是漫長轉折的結果。從小因貧窮、外貌等問題備受困擾，「布農族的我們外型矮黑，長得也不好看。」成年後毅然從軍，說是為了改善家計，卻也是逃避，想逃離那個讓他感到自卑的環境。但每當軍中夜深人靜時，他常忍不住思考，明明臺灣各地社區營造行動風風火火，為何只有自家部落仍如此落後？

二〇一〇年退伍，想為部落做點事的他返回家鄉，開始陪伴孩子、接送行動不便的長者、運送物資，並學習樸門自然農法，在部落種起有機綠竹筍，開啟微型經濟，可惜山坡地不適合種植作物，計畫宣告失敗，他只能再次選擇離開。

從森林體驗切入　讓土地做回主人

四年後，磯崎村爆發「山海劇場」開發案爭議，馬中原返鄉呼籲部落團結，喚醒族人對公共議題的關注。「當時太太對我說，山上的土地始終在，要是想再做些什麼，或許可以往森林體驗思考，讓『土地

「高山森林基地」位於高山部落，是全臺唯一海岸布農的棲息處。

1.馬中原期望透過高山森林基地，訴說海岸布農的故事。　2.走進高山森林基地，能獲得穿入山林的全新體驗。（高山森林基地提供）

做回主人』。」一番話點醒了他，決定與具備教育背景的漢人臨床心理師徐堅璽一起，共同創立以部落體驗為主題的「高山森林基地」。

馬中原原本想走「純布農族」文化復振體驗，無奈高山部落不到百人，部分文化、歷史早已隨著人口遷徙流失。看著自己居住的磯崎村，他猛然想起，小時候的便當是山產、地瓜，海邊阿美族同學則是魚、稻米，彼此最愛交換飯菜，住在這裡的各個族群，不是早就融合在一起了嗎？「臺灣島嶼雖小，卻有十六個原住民族，磯崎村更特別，有布農族的山、阿美族的海、噶瑪蘭的田、撒奇萊雅的溪，甚至還有外省、客家、閩南等族群，一般人講『回家』，我們卻說『回部落』，代表我們有一個很大的家，那何不呈現多元族群共生的樣貌呢？」

事實上，馬中原現今亦擔任磯崎村四部落聯合會議主席。

基地夥伴陳志義，正是馬中原同村的國小同學，有著阿美族、撒奇萊雅、噶瑪蘭三族血統的他與馬中原想法一致，自小看著爸爸與其他族群不分你我，今天在我家割稻，明天去你家蓋房，彼此情感深厚、全心信賴，「我一直想找回這種共好、共融的感覺。」

追尋近百年歷史　展現族群共融樣貌

因此，「高山森林基地」共同創辦人馬中原與徐堅璽決定，基地要以磯崎村近百年族群共融的歷史為主軸，將海岸布農的跨界文化，再轉譯成具教育意義，且兼具文化、生態和冒險主題的心靈層次體驗。至於再之前的傳統，就留給南投、花蓮馬遠的布農族追溯。

基地初創時，馬中原申請了文化部「青年村落文化行動」計畫，發掘在地特色，一邊將過往累積的資訊，梳理成有系統的文化資料庫。協助執行計畫的歐陽夢芝分享，漢人的她對原住民族的印象原本很刻板，覺得部落的問題不外乎高齡化、青壯人口外移、隔代教養和酗酒等，但實際展開田調後，才發現高山部落不只原漢，還有原原、貧窮等問題。

布農與外省、客家、閩南等其他族群的故事，也讓歐陽夢芝感動不已。例如馬中原記憶中的「家鄉味」，竟不是原住民風味料理，而是外省伯伯的年菜。當年因為國民政府圈地政策，部隊將布農族趕到山下，占地駐軍，儘管雙方因此關係極

1.聆聽馬中原導覽、靜心看海，能獲得專屬山林間的寧靜感。　2.在馬中原、陳志義等人努力下，近年來，四族文化被一一記錄。　3.在高山森林基地，可以進行攀樹、打獵等布農的森林體驗。（1-3.高山森林基地提供）

僵，但孤身來臺的軍人們其實相當照顧族人，逢年過節，還是孩子的馬中原總被邀去一起用餐。「老兵是最孤單的，布農族在花蓮也是人數最少的，最孤獨的老兵和最孤獨的布農族，就湊在一起了。」

基地裡的四間廁所也有典故。這四間由部落耆老打造的生態廁所，是運用布農、阿美、撒奇萊雅和噶瑪蘭四族慣用的材料與工法打造而成。例如阿美族好用竹子，布農族好用九芎、會建土牆，其中還有搭接法、榫接法之分。

團隊也會帶旅客到加路蘭山上的古道，俯瞰鳳林、光復、壽豐，遠眺花東縱谷和奇萊山。據說以前還沒有臺9線、臺11線時，古道便是各族群的貿易經商之路。踩踏在古道上，彷彿還能聽到先民行路的聲響、孩童的嬉鬧聲，栩栩如生的畫面，彷佛重現眼前。

順著歷史脈絡一一梳理，外省老兵的故事，建築、古道等海岸布農文化體驗，就這樣自然融合。在「高山森林基地」，不愁沒有好故事可聽、沒有好玩的體驗可探索。

呈現生活文化 帶來心靈療癒

團隊推出的部落旅遊，連曾經造訪的紐西蘭毛利人、帛琉大使都忍不住讚嘆「心靈療癒、觸動人心」。馬中原認為，不同族群百年來的文化交會，是部落的寶藏：「我們的文化不是鎖在博物館裡，而是在生活之中。我用我的生命，去喚起你的生命，讓你也有共感。」

「高山森林基地」欣見年輕人帶來的新火花。例如開發周邊商品時，馬中原只想得到石板陷阱、鑽木取火等傳統花樣，年

社造心內話

你是自然，你是自己。

1

輕夥伴卻看中「山刀」的獨特之處，利用撒奇萊雅族擅長的編織，做出全臺第一把編刀「Mamangan」，也是海岸布農族的獵人分享刀，用途包括拆信、伴手禮、削藤、靜心磨刀等，不僅成為基地輸出獵場文化的首個作品，更引發大量關注，「我們很震撼，沒想到一把山刀居然能變成商品，還能傳遞山林價值。」

基地能量外溢　期望被看見

如今「高山森林基地」能量外溢，與臺灣山林復育協會、台北富邦銀行合作，進行森林資源調查、建立東部唯一天然林的原生苗木復育苗圃；期望未來能在面向消費者（to C）之外，打造出員工旅遊、教育訓練等面向企業（to B）的模式，「讓企業看團隊的品牌精神，如何捍衛我們族

1.全臺第一把編刀「Mamangan」推出後，立刻銷售一空。　2.高山部落候車亭的落成，象徵部落居民已被世界看見。（1-2.高山森林基地提供）

群的特質？不同文化如何撞擊、共生？這些都是新可能。」馬中原說。

二〇二二年三月，豐濱鄉公所終於在部落入口處，建了一座「高山部落候車亭」。過去部落居民等車總得坐在欄杆上，車來車往呼嘯而過，不僅危險，還經常被公車忽視。現今有了這座紅色顯眼、仿造獵人石板陷阱打造成的候車亭，不僅能遮風擋雨，經過的車輛，再也不會看不見等車的居民了。

部落小、人數少，但靠著不分彼此、不分族群的努力，「高山森林基地」為部落淬鍊出獨一無二、特有的韻味，也帶磯崎村走出地方，一步一步，被世界看見。

高山森林基地

成立：2018 年	電話：0933-991926
組織人數：5 人	網址：www.gs-forest.com
地址：花蓮縣豐濱鄉磯崎村高山一鄰 2 號	FB 粉絲專頁：高山森林基地

Community Revitalization

PART

V

新。風土

用體驗
串聯永續幸福

- 新北 甘樂文創
- 臺北 綠點點點點
- 苗栗 苑裡掀海風
- 嘉義 嘉義縣大埔鄉和平社區發展協會
- 屏東 屏東科技大學社區林業中心

新風土

21

甘樂文創

從陪伴開始 打造永續地創的能量

文：葉亞薇　攝影：蔡孝如

從返鄉改造家族的肥皂工廠，到以教育改變家鄉的人文風景，甘樂文創創辦人林峻丞深耕在地十多年，跨足教育、餐旅、文創、製造，幾乎是地方創生的多元展示櫥窗，而且還在不斷進化，持續發揮影響力。

回到故鄉三峽之前，「甘樂文創」創辦人林峻丞已在臺北都會歷練多年，外面的世界不斷翻新更迭，故鄉卻仍原地踏步，產業沒落、人口外移，新移民、隔代教養的家庭結構脆弱，讓他決定從教育著手，啟動家鄉改變。二〇〇六年開始陪伴高風險家庭的孩子，二〇一〇年創立甘樂文創，獨立發行《甘樂誌》，分享三峽在地人事物，改造荒廢斑駁的三合院，作為在地藝文團隊發表作品的舞臺，希望打造友善、共好的文創聚落。另一方面投入「社區育成計畫」，更投入資源建構弱勢學童關懷系統，陪伴孩子成長，培養孩子們擁有改變未來的力量。

二〇一五年成立社區培育系統「小草書屋」便是其一。不同於坊間課輔班，書屋的老師不只陪孩子寫功課，也陪著探索多元主題課程、一起吃飯和談心。「透過陪伴與關懷，小草書屋累積陪伴超過三百位孩子，希望讓孩子不會走上偏路，身心健康好好成長。」林峻丞表示。

從小草到青草　陪伴偏鄉孩子走正途

小草書屋副校長阮家貞表示，由三峽在地國小轉介的高關懷家庭「小草」，到了國中青少年階段就成了「青草」，改由同屬甘樂文創體系的「青草職能學苑」陪伴，除了陪伴，還有職涯探索課程，包括金工、木雕、皮革等，還能學習咖啡課程，陪孩子探索興趣、學習一技之長，讓孩子把書屋、學苑當成另一個「家」。

「這是一場沒有退場機制的陪伴。」阮家貞說。許多孩子需要更深入的關懷系

右起甘樂文創執行長林峻丞、營運長姜雅惠、小草書屋副校長阮家貞。

統，因此小草書屋請社工進行家訪，設計生命教育課程幫助孩子自癒與跨越。同時，也讓孩子們跟著老人家學習品茶、陶藝、藍染，把三峽文化融入生活場景，從老幼互動中學會禮儀與關懷。青草職能學苑找來調酒師，滿足孩子對都會生活、職能的想像。舉辦十四天的單車環島旅程，則讓孩子面對耐力、體力的自我挑戰，環島一圈下來，身心自有領悟。「相信長大後的孩子，會在其他地方種下愛的種子、傳遞善意，持續正向的循環。」

禾乃川國產豆製所
與土地青農共好的商機

甘樂文創曾推出三峽觀光行程、文創策

1.合習聚落串聯資源，讓職人、商家、學校和企業彼此合作，建構社區支持系統。 2+3.青草職能學苑提供職能訓練，小草書屋的孩子跟著長輩一起學品茶。 4.2022年青草職能學苑的單車環島活動，激發青少年相信自己。（2-4.甘樂文創提供）

4

展、職人手藝工作坊，但收益有限，只要遇上景氣不佳甚至疫情衝擊，立即面臨營運困難，林峻丞因此開始朝向「消費性的民生商品」、「市場上尚未建立的品牌」發想。

「做《甘樂誌》的時候，發現黃豆製品有很大的供給需求，且三峽沒有人賣國產豆製品，有市場差異性，就決定創立『禾乃川』這個以國產大豆為特色的品牌。」為了擴大產量與通路，砸下百萬添置設備、申請工廠登記，通過HACCP、ISO22000的小型工廠認證，並設立「合習聚落」複合式餐飲空間，與禾乃川相連，販售豆製品、輕食，目前除了三峽、南崁門市，禾乃川的產品已進駐全臺主婦聯盟、好丘等友善食材店鋪，銷量穩定。

林峻丞把團隊經營的各個面向，一環一環串接起來：「禾乃川在社區立下良食店鋪的典範，一方面提供返鄉青農支持的力量，另一方面也能成為青草職能學苑的孩子未來就業的所在，擴大社區共好。」

串接全臺地方文化　共創土地的感動

林峻丞強調，文化要從土地出發，重新認識、咀嚼和消化。透過轉譯，為文化加值，才有文創的可能。二〇一一年甘樂團隊曾以《甘樂誌》報導的「信仰」主題，搭配北港朝天宮媽祖到三峽作客的廟會慶典，策劃舉辦媽祖攝影展，請搖滾樂團舉辦簽唱會、八家將彩繪臉譜、傳統刺繡講座等。團隊發揮創意，把放完的鞭炮炮屑回收做成紙塑媽祖。「這是北港犁炮獨有的文化，把犁炮炮屑紙回收，製作成

1.合習聚落是複合式餐飲空間，與禾乃川相連，販售豆製品、輕食，也有地方創生寄售商品。 2.禾乃川國產豆製所使用百分百國產豆，生產無添加的豆製品。 3.甘樂文創辦公室展示的《甘樂誌》，記錄甘樂文創投入在地教育與陪伴的心路歷程。

具有濃厚臺灣文化氣息的文創商品，讓施放鞭炮的信仰與祝福得以延續，也讓信仰文化接上環保的世界觀。」

串接地方區域的文化能量，二〇一八年承辦「三鶯．宴」展現團隊的整合力。甘樂文創營運長姜雅惠表示，當時團隊以三鶯地區百年工藝茶、染、陶，與常民生活裡的「食、藝」特色產業為核心，由三鶯工藝職人與跨界創作者「匯聚三鶯」，透過跨界能量加乘，將三峽的茶、染、陶搬到樹林中，進行一場連結地方文化與美感創新的跨域饗宴，重新詮釋三鶯城鄉文化特色與價值。「三鶯宴後來列入國小教材，讓世代都能認識這份感動，也讓甘樂團隊非常『甘心』。」

持續進化中的甘樂文創還有新計畫。繼《甘樂誌》之後，發展自媒體「小村

社造心內話

**成就與土地共生、共創、共好的願望，
將社會問題轉化為機會，並藉由我們所提供的產品與服務，讓住在臺灣的人更熱愛這片土地。**

1. 甘樂文創打造數位自媒體「小村長」，轉譯地方元素。 2. 甘樂文創藉由「地方創生學校」將社造經驗有系統的分享給地方創生創業者。 3. 透過「小村長」採訪認識高雄梅農，開發出有梅果香的豆腐乳產品。 4.「小村長」走訪全臺地方創生團隊，串接跨域合作的可能。（1-4. 甘樂文創提供）

長」，走訪全臺地方創生團隊，拍影片上傳YouTube、錄製Podcast，也做文字、攝影紀錄。一方面串接地方創生團隊的合作可能，另一方面也讓禾乃川成為各地土產的賣場平臺，並且找到新的研發火花，像是認識高雄梅農，設計釀梅活動、購入老梅入菜，讓禾乃川的豆腐乳加入釀梅新風味。

優化品牌深度與廣度 傳承地創知識育才

隨著疫情趨緩，團隊與在地職人深度合作，推出深度行旅三峽遊程，引領遊客一探入夜的三峽老街之美；也將與林務局合作設立茶鋪，結合三峽的茶、陶、染文化，將三峽碧螺春、蜜香紅茶磨製成烘焙茶點，提供充滿在地風味的味蕾體驗。

二〇二二年九月，甘樂文創更進一步，與台灣地方創生基金會董事長陳美伶共創「地方創生學校」，提供團隊培訓與創業的資源，幫助青年返鄉所面臨的問題，給偏鄉創生自立的力量，期盼以團隊超過十年的「三峽經驗」，陪伴地方創生創業者，一起邁向更美好的遠方。

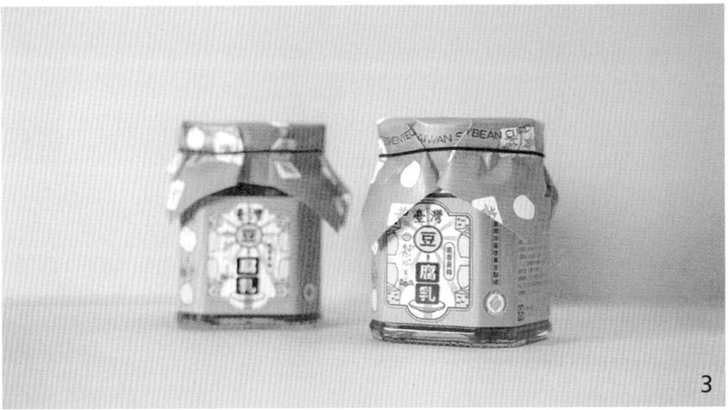
3

4

甘樂文創

成立：2010年	電話：02-26717090
組織人數：53人	網址：www.thecan.com.tw
地址：新北市三峽區民權街84巷12之1號	FB粉絲專頁：甘樂文創

綠點點點點

爲高齡社會 找溫暖解方

文：葉亞薇　攝影：蔡孝如

高度發展的城市，生活繁忙、人際疏離，左鄰右舍有時姓啥名誰都不清楚，遑論情感交流。但臺北市「蛋黃區」大安區古風里不太一樣，「綠點點點點」團隊以分享共好的精神，推出「古風小白屋」修理站，跨越社區、串聯社群，架起人與人、人與社區之間堅實溫暖的橋梁。

週六近午，臺北市雲和街與泰順街的街角，一個遍地都是維修道具的白色鐵皮屋裡，各式電風扇、洗衣機、吹風機、桌燈、電鍋「亂中有序」地陳列著，幾位中年大叔各自埋首研究手上的故障家電，間或夾雜著興奮熱烈的討論，那些看似不堪使用的「破銅爛鐵」，卻大大引起了大叔們的興趣，像孩子玩模型般興味盎然，他們笑說：「別看它破破舊舊，如果修好了，比買新的還有成就感！」

延續小客廳專案成果 里長奔走認養小白屋

這是「古風小白屋」，座落於臺北市大安區古風里，曾是國防部的日式舊房舍，而後成了閒置空間，當年由古風里里長起頭，由「綠點點點點」改造營運。

「小白屋的定位是『工具分享』，這裡有各種工具、材料以及維修教學，也有維修志工進駐，工具都是鄰居放在家中用不上、還有結束營業的水電行捐贈的；『你需要就給你用』的概念，讓這兒成為街坊交流生活的平臺。」綠點點點共同創辦人、古風小白屋企劃主持人虞葳說。

古風小白屋的創生，得從二〇一二年師大商圈發展與住宅區寧靜訴求發生的衝突說起。當年為了維護鄰里和諧，臺北市政府文化局推動「雲和小客廳」專案，以社區營造模式，在閒置空間辦理主題活動，讓社區居民在此放鬆聊天、自然交流。當為期一年的計畫走向尾聲，古風里里長孔憲娟不忍經營許久的社區網絡就此消逝，便邀請綠點點點團隊進駐原為軍方管轄的閒置空間，為社區挹注新活水。

古風里的巷弄與其他臺北市老社區沒有什麼不同，
但卻因「共享」行動而默默產生了質變。

「投入社區營造的人通常充滿理想與熱情，實務上卻有很多需要與政府機關打交道的溝通，里長就像是社造的中間人，在理想與現實之間扮演橋梁的角色。」擔任古風里里長將近十年的孔憲娟，回想雲和街四十九號的小客廳成立前後，社區居民態度轉變的過程。「免費的手作課、綠色植栽課，大家一開始抱持『怎麼會這麼好』的疑慮，到參與後情感產生黏著度，這很可貴，因此小客廳專案結束後，我決定把守望相助隊的空間改造成古風小白屋，讓社造精神延續。」

標榜「修理東西不收錢」的古風小白屋，同樣也讓居民觀望了一陣。時間久了，居民來來往往總會被街角吸引，偶有人停下來靠近探詢。「你們在做什麼」、「我教你怎麼修」，把分享的精神傳出去，漸漸地，來交流維修技巧的、拿電器來修理的人愈來愈多，到最後甚至還成為社區「男士聚會的天堂」！

1.虞葳與團隊打造在地的維修、交流基地。 2.「古風小白屋」的每位志工都有鑰匙，隨時能開門使用各式修繕工具。

退休男子手作新樂園

「我們發現很多柔性的社區活動，多半都是女性參加，男生很少。特別是退休後的男性居民，因為沒有工作、頓失生活重心，加上沒有培養興趣、不願意出門社交，很容易快速老化，成為家庭與社會的負擔。」二〇一四年，小白屋以環保惜物的內涵，塑造一處維修電器、交流情感的基地，意外與超高齡社會接軌，特別是退休的中高齡男性，很容易被小白屋的「動手做」吸引，點燃興趣，主動投入志工工作。

小白屋公告維修時間是每週六上午十點到十二點，民眾可預約維修，志工則沒有固定排班制；每位志工都有鑰匙，隨時都能來，有人甚至一待就是一下午，浸淫在手作維修的樂趣中，樂此不疲。

「古風里的電扇都被我們修完了！現在修的有來自苗栗、屏東，還有用了二十幾年的古董級大同電扇，有了感情捨不得丟，只好動手修了！」生技公司副總退休的志工左適佑說起「小白屋的戰績」如數家珍，不忘自嘲：「男人退休成天在家裡，老婆嫌、兒女嫌，連狗都嫌，來這多好！」小白屋恰好為中年大叔的危機感找

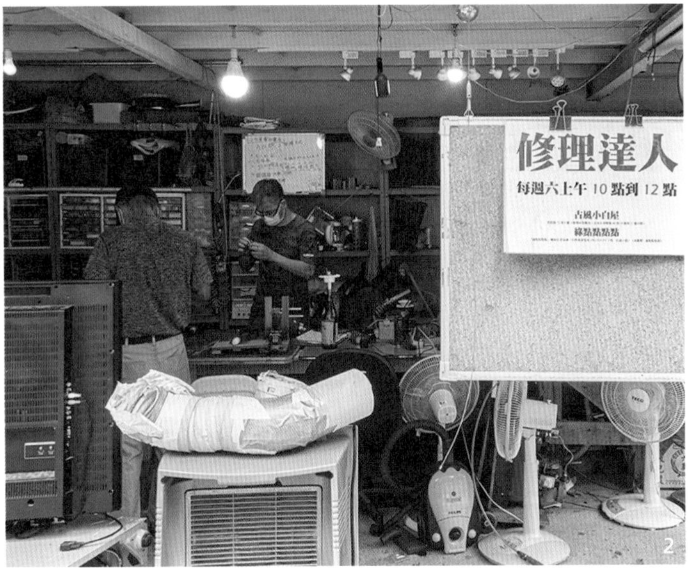

到出口。擔任志工多年，左適佑認為現代人居住空間小，囤積舊物找維修不如買新的快速方便，但他認為很多家電其實不需花冤枉錢。「我們希望民眾帶電器來，能學習自己動手維修，還能懂用電安全，把正確觀念分享出去。」聊到一半接獲通報，原來有其他縣市居民把家電寄來社區修理，只見他二話不說，蹬上單車就前往取貨，飛奔的背影充滿自信。

企管系教授退休的程捷生，則是不斷拿出工具盒分享「驚喜發現」——逛零件店超便宜小物，一個線圈就能把聖誕燈加上手機插頭，變身實用小夜燈！底座壞掉的檯燈，把燈罩部分加上新的電線，成了維修專用探照燈；小白屋的壁掛式電風扇，也是移除底座後的華麗轉身。「大家有不同的專業，解題就有不同的方法。彼此學習激盪，感覺很好。」一位婦人帶著造型可愛的電鍋來維修，眾人七嘴八舌點評：「有時候故障不是技術問題，而是使用方法錯誤，還有缺乏保養。」喜歡深蹲健身的程捷生，也

1.生技公司副總退休的左適佑（左），修起電器相當專注，也樂於分享用電知識。 2.大家可以在「小白屋」交流不同的專業，彼此協助。

社造心內話

小小改變，改變一切。

樂於和志工分享生活，家人都知道這位「宅男老爸」最愛窩在小白屋，常常假日消失一整天也不奇怪。

虞葳還有一個有趣的觀察：來到小白屋的志工，通常是住在大安區，卻不是古風里的里民。「也許是害羞，加入有點距離的社區組織當志工，讓人反而比較自在。」從社區出發，卻不以社區為限，而是串聯認同共好理念的社群，這是小白屋在超越空間層次的發展。而對里長孔憲娟來說，照顧龍泉宿舍的銀髮長者，有著更深層的情感使命。

芒果香草園　青銀共食關照獨居長者

孔憲娟說，古風里社區中高齡人口相當多，龍泉宿舍多為過去在中央通訊社服務的獨居長者，「他們從大陸來臺，有一

流的外語能力與文筆，是曾經為國貢獻的人才。」在綠點點點延伸小白屋社群共享共創的企劃下，孔憲娟重整另一個社區的廢棄空間，打造「芒果香草園」，突破硬體藩籬、創造果樹茂盛成長的亮眼街景，不僅栽種食用香草，還舉辦共享廚房、青銀共食、環保手作等活動，邀請居民來相聚，用人氣與美食的熱力，來溫暖社區與長者之間的情誼。

從古風小白屋到芒果香草園，不約而同點出現代社會的迫切需求——高齡長照。當人們愈來愈長壽，除了政府的醫療照護，社區若能自主發揮共好創意，讓「近鄰的情味互動」成為即時的後援，遠離或暫緩失智失能的發生，就能減輕社會負擔。「除了小白屋、香草園，還有更多的主題等待被發掘，吸引更多長輩願意走出來，活絡交誼。」

對於未來，綠點點點接續了臺北市政府「Open Green 打開綠生活」的「南機拌飯」計畫，已在萬華區租下「一碼IMMA——人與物的再生基地」，讓再生循環、社會關懷網絡能完整實踐，期許在繁華臺北，繼續為不同生活文化與社會階層，創造新的互助聚落。

1.照顧龍泉宿舍等社區內的獨居長者，是「芒果香草園」的成立契機。 2.趁著共餐時間，孔憲娟可以陪長輩閒談、了解需求。 3.面對高齡長照需求，以社區為單位形成自主後援體系非常重要。

綠點點點

成立：2014年
組織人數：30人
地址：臺北市大安區師大路117巷1號
電話：02-23685020
網址：yunhe49.blogspot.tw
FB粉絲專頁：綠點點點

苑裡掀海風

從環運到社造 尋回海線新「苑」景

文：陳培英 攝影：張界聰

每逢假期結束，苑裡人就只能望著一班班火車載走年輕人返回外地上班上學，有人說這是苑裡人的宿命：不是離開，就是目送下一代離開苑裡。「真的只能認命嗎？」有人開始思考，怎樣才能讓離開的青年洄游、回鄉？

搜尋苑裡，另一個關鍵字是風車。二〇一三年「苑裡反瘋車自救會」反對外商在海邊附近設置風力機組，在臺北任職於社區大學的劉育育決定回鄉看看能幫上什麼忙，臺灣大學法律系四年級的林秀芃則帶著問號前來：綠能是好事，為何連老人都站出來抗爭？

1.苑裡海岸線原本要架設14支風力發電機組，居民和漁民的「反瘋車」抗爭，是掀海風成員返鄉的契機。

從反到返 讓地方認同發酵

兩人發現，環評通過後，在苑裡不到三公里的海岸線將架設十四支三十三層樓高的風車，密度之高令人心驚，且風車距離住戶過近，與國際安全距離規範不符。陸域風電持續發出低頻噪音，沿岸居民和漁民都提出抗議，不願住在風車叢林中。老人家看不懂環評報告書，劉育育用長者能理解的語言說明解釋，林秀芃則善於對公共媒體發聲，不約而同陪伴在地居民走過這辛苦的一段。

抗爭結束後，社會公民意識凝聚，不少人思索如何讓苑裡更好？於是，二〇一四年底，劉育育、林秀芃和幾位抗爭共事

無論是返回故鄉或返回鄉土，
這群夥伴在苑裡扎根了。
右起劉育育、林秀芃、吳若安、鄭暉煌。

的鄉親成立「苑裡掀海風」，從事田野調查、藝文和教育推廣，想看看結合眾人之力，能在這塊土地上結出怎樣的果。

盤點現有資源　奮力走出困境

林秀芃表示，掀海風是「從反到返」的團隊，以社區營造深化居民的認同意識，希望拓展生活機能，讓社區蓬勃起來，甚至促成青年返鄉。盤點時，發現苑裡有許多寶藏，如藺草編織、音樂家郭芝苑；也有不足之處，例如支援教育的力量。

苗栗縣境內族群多元，藺草工藝源自道卡斯族，漢人把三角藺草種在水田，曬乾後手織成各式生活用品，是苑裡極具代表性的農村產業，奈何不敵工業製造的塑膠繩、塑膠袋而逐漸沒落。二〇一五年掀海風與小農合作復耕藺草，開工作坊請阿嬤來傳授編織技藝，重振藺編小鎮往日盛景。

被譽為臺灣現代民族音樂之父的郭芝苑是苑裡人，他將在廟會聽到的南北管元素融入作品，《交響變奏曲——臺灣土風為主題》是第一首由臺人創作、在國內首演，並在一九五六年與美國文化交流的音樂會中演出的交響曲；其他名作有管弦樂《臺灣頌》、交響曲《唐山過臺灣》、藝術歌曲《楓橋夜泊》、臺語歌曲《心內事無人知》等，苑裡國小和高中的校歌也是他作的曲。掀海風在二〇一七年協辦「郭芝苑故居音樂會」，希望藉此讓苑裡人重新認識家鄉的音樂家、作品和歷史。

團隊也結合在地志工，帶旅人走讀有歷史底蘊的苑裡，接觸老故事、新議題，甚至接受客製化導覽，吸引外地人探訪苑

社造心內話

從「反」到「返」，
深耕在地文化和教育。

裡，也強化在地人的自信，更成為支撐團隊經營重要的經濟來源之一。

掀冊店播撒文化教育種子

團隊原本沒有實體據點，但經常有人反映「找不到掀海風在哪裡」，加上林秀芃發現苑裡只有文具店，若錯過開學季，連評量都得靠訂購才買得到。團隊商量後決定開書店。租下廢棄紡織廠整理成「掀冊店」，挪出一半空間開咖啡店，販售友善農產和藺編手作；獨立書店內新舊書並存，甚至有海外鄉親牽線、美國國家圖書

1. 掀冊店作為獨立書店，是掀海風播種文化的據點。 2. 店內陳列著友善農產和藺編手作，希望為小農開創經濟收入和增加曝光。

1

館捐贈數箱二手原文繪本，是一處播種文化的據點，也方便邀請出版界、作家舉辦發表會或講座，為當地打開藝文之窗。

掀冊店會有許多國高中生來光顧唸書。學測大考前，團隊提供車資，鼓勵出外求學的大學生利用假日返鄉當教育志工，為高中生進行學業輔導，接受輔導的高中生自行統計時數，找時間「加倍奉還」服務社區，如探視獨居老人、教社區阿嬤上網等。

農友林清金把自家種的無毒芋頭託付掀海風：「掀海風的年輕人個個勇敢，做事頂真。」每賣出一百元就捐四十元當教育經費，被暱稱為「教芋部長」，認同理念的顧客常來捧場，形成「友善小農、回饋在地」的善意循環。

1.林清金農友把無毒芋頭的部分收入捐給苑裡掀海風作為教育經費，他被大家暱稱為「教芋部長」。　2+3.掀海風規劃走讀苑裡的路線，從振發帽蓆行到天下路老街的紅磚牆，帶著故事與旅客交換。（苑裡掀海風提供）

從一〇八課綱發想　找在地連結

做好田野基本調查，是社區營造的基礎，掀海風期盼扮演橋梁的角色，銜接人對土地的認同，一〇八課綱是個契機。

團隊與苑裡高中老師合作，以「社會觀察家」的角度，把郭芝苑故居設計成沉浸式劇場，引導學生研究調查、揣摩角色，在故居設計一幕幕接龍式舞臺，學生分組演出，觀眾是移動者，年輕孩子當說書人，並請臺語童謠團演唱郭芝苑寫的童謠，實現跨世代的溝通與合作。

鄭力瑋是苑裡高中英文老師，曾獲師鐸獎，積極促成掀海風與各科教師合作，掌握「跨領域、結合在地、找出特色」原則，以六週時間走讀老街、菜市場，陪學生認識公共議題。例如百年歷史的苑裡鎮公有市場在二〇一八年大火後的重建

1.謝文博（左）與吳若安（右）返鄉經營的「苑裡好咖」大受歡迎，已變成鄉親們的議事堂。 2.鄭暉煌是「鄭記魚丸」第三代老闆，也是苑裡百年老市場災後重建自救會會長。

案，團隊與老師們帶領高中生訪問公部門、當地攤商與建築師之後，舉辦模擬公聽會，以角色扮演的方式闡述觀點，促成學習換位思考、探索公共議題和認識在地文化。

跟著海風季回苑裡

「苑裡好咖」老闆娘吳若安曾赴新竹開咖啡廳，當孩子漸漸長大，夫妻倆想爭取更多親子共處時光，決定返鄉開店，早八晚六的作息，讓店裡幾乎成了鄉親聚集的議事堂。「掀海風有一群有熱忱、簡樸、揹包用到破也捨不得丟的年輕人，但非常努力幫地方創造力量，是『給予者』。」當她知道營利並非掀海風成立的目的，決定盡力協助，曾參加「海風季」擺攤沖咖啡、捐出所得，帶眾人用黃槿當粿葉、做植物染，也出借閒置空間舉辦二二八展覽。

鄭暉煌是「鄭記魚丸」第三代，這是創於一九七五年的知名老店。苑裡公有市場大火，許多攤位付之一炬，掀海風建議組織自救會，他被推選為會長，幾乎天天跑公所，雖然至今仍有多數攤商等待回應，「十分感謝掀海風無償替大家解答法律疑問，讓大家有公民意識，為自己爭取權益。」

有在地認同，就會有文化自信；人和人之間的信任，是最可貴的能量。劉育育分享竅門：別以為穿著正裝正襟危坐開會有效果，那不是小鎮模式；不如準備一大壺茶，備幾碟小點心，請眾人去大榕樹下「開講」，要商量的事自有答案。

夏季舉辦的「Hi Home海風季」活動包括土地音樂會、職人市集、榕樹下開講、手作DIY體驗、海風展覽、黑潮排球等，是苑裡的暑假盛事，團隊號召旅居各地的苑裡人、喜歡苑裡的外地朋友，跟著海風回苑裡說聲嗨，是地方能量的匯聚與重整。

林秀芃日前從傳承三代的「青年照相館」拿到一批老照片，興奮提議設時光隧道，重現苑裡人的共感。她每天總能找到感動：「當海風季吹起，各地志工齊聚，我們帶的高中生有的已上大學，會主動回來幫忙，這就是永續幸福！」

掀海風現有六位正式成員、上百位志工一起耕耘。劉育育很欣慰：「社區居民在為生活打拚的同時，願意無私為社區做一點事，這就是支持苑裡未來發展，也是支撐團隊走下去的重要力量！」

苑裡掀海風

成立：2014年	電話：037-862123
組織人數：6人	網址：www.hihomeway.com
地址：苗栗縣苑裡鎮新興路35巷22弄30號	FB粉絲專頁：苑裡掀海風@taketheseawind

新風土

24

嘉義縣大埔鄉
和平社區發展協會

水庫旁的提琴村

文：高嘉聆　攝影：陳建豪

漂流木也能變身琴身線條流暢、琴聲悠揚的小提琴？不要懷疑。在嘉義縣大埔鄉這個全嘉義縣人口最少的鄉鎮裡，有個和平社區就是這樣化腐朽為神奇，還組成「大埔愛樂」弦樂團，橫跨七歲到七十歲全村動起來，用音樂帶動偏鄉創生的能量。

和平社區毗鄰臺灣最大水庫——曾文水庫，每當颱風豪雨過後，從社區就能看見許多被風雨打落、從上游沖瀉而下的漂流木，在水庫水面浮沉，「這些都來自阿里山山脈，木種豐富優良，卻往往被當作廢棄物，如果能拿來重新利用，該有多好！」「和平社區發展協會」理事長吳倚豪靈光一現，想到木材也許是製琴的好材料；彼時，提琴家也是製琴好手的黃聖彥到曾文水庫遊覽，對優美湖光山色留下了深刻印象，興起在大埔找工作室的念頭，一聊之下，發現彼此可以合作，天時地利人和俱全，促成和平村朝「提琴村」邁進的機緣。

漂流木變身小提琴　奏出村裡的希望

用漂流木做小提琴，乍聽之下充滿實驗性質，但對黃聖彥來說一點都不陌生。因為在此之前，在屏東科技大學木材科學與設計系邀請之下，他已經著手開發國產材製作小提琴，松木、櫸木、桃花心木、香杉、牛樟、肖楠、相思等，都嘗試過了一輪。

帶著這些經驗來到和平社區，當地漂流木種五花八門，正好為小提琴的面板、背板、側板及琴頭各部位所需木料，提供多種選擇，「不只木材，竹子也可以做成小提琴，」黃聖彥指著社區發展協會櫥窗內展示的一把琴說：「或許不到一百分，但音色也乾淨好聽。」背板上還彩繪曾文水庫意象，在地色彩濃厚。

「來學製琴的居民學員都是新手，不論技巧如何，更重要的是在敲敲打打的過程中，填滿心中缺少的那一角。」

在阿里山山脈與水脈交會之處，
和平社區為家鄉譜出悠揚樂曲。

1.和平社區發展協會理事長吳倚豪（右）、村長吳慶煌（左）。　2+3+4.每一條曲線與弧度，都必須自己親手耐著性子逐一打磨，這也讓每一把小提琴的個性各有不同。

這也正是吳倚豪打造提琴村的起心動念：營造社區與居民的「希望」。和平社區地處水源保護區，產業開發受限，人口外流嚴重，尤其偏鄉常見的各種教育問題在這裡也並不少見。吳倚豪認為，音樂具有療癒力量，像是一道曙光，照進孩子內心，點亮夢想、滋養生活。「並不是想把孩子訓練成音樂家，而是透過音樂，讓他們找到生命中更多可能，疲憊之時也能有所依靠。」

不只孩子，音符律動也流進了銀髮長輩的心，生活因為製琴、練琴，再次有了重心。吳倚豪說，有位阿公來學製琴，做好一把繼續做第二把、第三把，因為他有好幾個孫子孫女，要送每個人一把琴。許多孩子回到阿公阿嬤家不再只顧著滑手機，而會主動展開共同話題：「我的小提琴什麼時候會做好？」甚至還有阿公帶孫子一起來上課，「很多長輩因此重拾歸屬感和成就感，這些都是金錢買不到的價值。」

讓遊客愛上大埔　打造嘉義小提琴重鎮

音樂魅力無遠弗屆，不少外地人也慕名而來。住嘉義市區、從事電腦繪圖設計工作的李韋政，很嚮往木工用雙手慢慢磨練的過程，不辭舟車勞頓上山學製琴。他拿著接近完工的小提琴說，「這一把大概花了一年才完成。」為了製琴，他每個月會在和平社區住上幾天，享受山林款待，提琴村儼然成了他第二個家。

像他一樣每月往返大埔與他鄉「二地居」的學員不少。有一位退休人士家住臺南，專程為小提琴而來，下午製琴、晚上

2

3

4

練琴，本來天天通勤，久而久之乾脆就在這裡住下來了。

希望吸引更多外地人共襄盛舉。吳倚豪說，社區並不是以販售「和平牌」漂流木小提琴而產生收入，而是製琴、學琴需要時間，外地人勢必會在社區待幾天，連帶的住宿、餐飲等消費，便創造了社區收益，協會也成立「永好小物」品牌販售在地農特產，包括竹炭花生、筍茸、茶梅、桂圓、果乾等等，將收入全數回歸偏鄉教育與老人關懷。

隨著提琴愈做愈多，他期盼未來打造一所博物館，一把琴就有一個故事，提琴迷、樂迷都是主要受眾，即使對提琴和音樂都沒有興趣的遊客，也能因為地方散發的浪漫氛圍而深受吸引。理想目標是義大利北部的克雷莫納鎮，當地聚集了許多優

1

1.曾文水庫豐富的魚群吸引黑鳶和鳥類捕食。　2.吳倚豪逐一蒐集由社區居民打造的特色小提琴，琴身上描繪著以大埔為發想的創作與故事。　3.製琴是起因，但更期望的是為偏鄉的孩子們，注入不同的生命厚度。（嘉義縣大埔鄉和平社區發展協會提供）

秀製琴師，鑽研手作技術，工藝精湛，出產的小提琴堪稱全世界最優良，盛名遠播，為當地帶來廣大的觀光收益。「希望打造讓一個人想來一百次的地方，而不是一百人只來一次。」吳倚豪說。

山林、動物與音樂　共譜在地悠揚樂章

盤點和平社區周遭旅遊資源，生態豐富，加上曾文水庫波光瀲灩，襯著蒼鬱山色，足以與音樂串遊成心曠神怡的旅程。

跟著村長吳慶煌搭上曾文水庫遊艇前往釣魚平臺，只見人人一支釣竿，幾乎沒有失手而歸，即使零經驗也能享受釣魚樂；平臺附近樹梢棲息許多老鷹，時而盤旋空中，算準時機一個俯衝入水，鮮魚入袋，能如此近距離觀察老鷹獵食，教人直呼過癮。還有「聽歌劇的山豬」，每當遊

社造心內話

夢想種子，我們從提琴出發。

艇靠近、帕華洛帝《公主徹夜未眠》經典曲目一播，成群山豬紛紛跑了出來，黑的、灰的、花的，統統衝到岸邊迎賓，這些野生山豬平時在曾文水庫周邊山林覓食、繁衍，是這兒的動物明星。

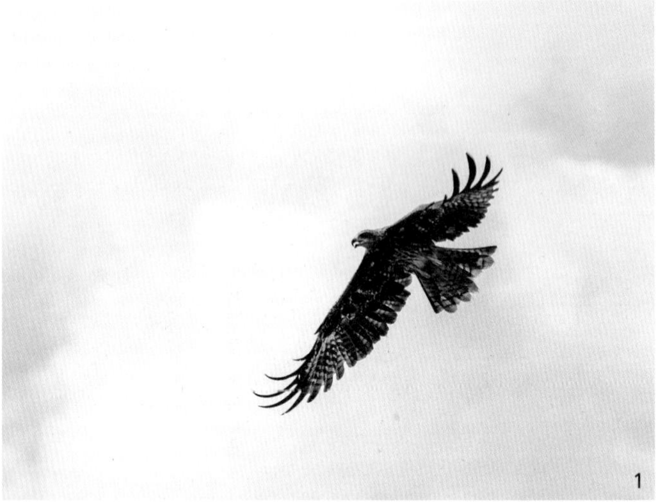

1

1+2.曾文水庫周遭生態豐富，可見山豬、魚群、黑鳶蹤影。 3.黃色貨櫃打造的社區廚房，是返鄉青年聚會首選。

曾文水庫豐沛漁產，砂鍋魚頭遠近馳名，分量堪比臉盆，甘美湯頭入喉，全身都暖了起來。和平社區發展協會另在水岸邊設立社區廚房，由在地年輕人主持，白天供餐給社區長輩與伴讀學童，供應遊客咖啡和茶飲，到了夜晚，還賣起披薩、比利時啤酒，氣氛與日間大相徑庭。

吳倚豪笑說，社區廚房營業時間到晚上、供應輕食啤酒，是專為返鄉青年而設的。「大埔不像都會地區休閒娛樂多元便利，有了這個地方，年輕人可以聚會聊天談心事，互相支援扶持。」社區發展協會的在地耕耘，漸漸開枝散葉，愈來愈多青年選擇回鄉或移居大埔，協會成員之一的吳柏頤就是一例，她表示進到社區工作後，才真正了解家鄉的好。

現在的她常設計遊程，呼朋引伴來社區玩，聽朋友大讚「原來大埔這麼好玩」，讓她充滿成就感，加上看著社區長輩、孩子琴藝一點一滴成長，都讓她更激起守護家鄉的熱血心情。

青年力量是社區再造能否走得長遠的關鍵之一，一代一代參與、傳承，相信這個灑下音樂種子的社區終將開出一朵花，譜出一曲曲自然與人文樂章，繼續在山村裡傳頌悠揚。

2

3

嘉義縣大埔鄉和平社區發展協會

成立：2003年

組織人數：10人

電話：05-2522313

地址：嘉義縣大埔鄉和平村雙溪100號

FB粉絲專頁：和平社區發展協會&大埔愛樂

新風土

25

屏東科技大學
社區林業中心

里山創生 部落新風貌

撰文：高嘉聆　攝影：陳建豪、方智達

第一次到訪阿禮部落的人，莫不被眼前的高山絕壑震懾到屏息。站在部落廣場，左方是「母親的山」亞泥笛山，右方是「父親的山」大母母山，都是海拔一千五百公尺以上的崇山峻嶺。當地人說，阿禮部落就是被父母環抱在胸前的地方，千百年來，備受呵護。

阿禮部落位於臺24號公路盡頭、屏東縣霧臺鄉最深處，森林是鄰居，雲霧是日常，山村生活幽靜寫意，林下種植珍貴的臺灣金線蓮，蜂箱搖出來的蜜如流金般漾著光芒，遠方不時傳來生態旅遊隊伍的人聲笑語。很難想像十多年前，這個部落在莫拉克風災橫掃後，差點從地圖上消失。「危機，也是轉機。」一路陪伴當地走出低潮的屏東科技大學森林系教授陳美惠如是說。

1.山，對於原住民而言，是守護也是信仰。（屏東科技大學社區林業中心提供）

生態旅遊　打開社區營造新方向

回到一九六〇年代，臺灣經濟起飛，歷經那段最富裕也最貪婪時期後的三、四十年間，生態環境明顯不一樣了，很多可供抓魚撈蝦的清澈溪流，不知道什麼時候受到工業廢水污染，浸染成五顏六色。當時雖然保育觀念漸起，但還處於圈地保護思維，地方居民為了爭取生計權益，與政府立場劍拔弩張的狀況，時有所聞。

彼時，在公部門從事保育工作的陳美惠，看見社區總體營造概念興起，心中

屏東科技大學社區林業中心團隊，
陳美惠教授（中）、廖晉翊（左）、吳儷嬅（右）。

升起希望曙光，她想，「生態保育與社區營造或許可以結合，走出一條不一樣的路」，因而請調當時的文建會，學習社區總體營造操作。呼應國際倡議的生態旅遊，二〇〇二年陳美惠提出以生態旅遊為主軸的社區林業計畫，為地方永續發展給出實質的策略，立即受到林務局的支持。

扼要來說，社區林業以社區營造為核心精神，期待達成保護生物多樣性的目標；生態旅遊是推動社區林業的策略之一，以保育為核心的旅遊模式，透過社區營造，培力地方居民在守護自然人文資源的同時，轉化生態成為遊程，不僅提高社會大眾保育意識，也讓社區居民有收入，不必再為生計破壞生態，形成正向循環。

計畫推出兩三年後，陳美惠發現最大挑戰在於地方缺乏專家長期的陪伴，她決定投入學術界，接下屏東科技大學森林系教職，期待藉由學者身分，在地方與政府間搭起溝通橋梁，同時帶領學生進社區部落蹲點、培育生態旅遊人才，為漫長的社造過程鋪路。團隊建立的第一個生態旅遊本土模式，就在墾丁國家公園內的社頂部落。

推展之初，困難重重。「那個年代對旅遊的想像還很單調，認為發展觀光就是遊客愈多愈好，重視硬體建設大於環境教育，忽略了生態禁不起消耗，加上國家公園與在地居民的互信薄弱，說服溝通，耗盡心力。」幸好陳美惠夠堅定，深知社區營造是培力造人的工作，「很多事情都要從人的觀念改變做起，需要時

社造心內話

深耕里山，
找回人與土地的緊密連結。

間，沒有捷徑。」

經過團隊與墾丁國家公園管理處長期的陪伴、輔導，獵人逐漸收起獵槍，成為守護生態的解說員，陳美惠相當感動：「這是非常大的轉變，現在他們最常討論的是今年鳥況怎麼樣、哪裡要多留一點草，避免影響生態。」如今社頂已是生態旅遊樂園，蝴蝶在百年毛柿林與高位珊瑚礁構成的林間紛飛，成群的梅花鹿，候鳥振翅而來，夜晚生態又是另番光景，抬頭可見滿天星斗，低頭腳邊出現全株螢光綠的蕈類，好不奇幻。

啟動風災後的林下經濟

阿禮部落鄰近於雙鬼湖野生動物重要棲息環境，充分具備發展生態旅遊條件。就

1.社頂部落的生態解說。 2.社頂可愛的梅花鹿。（1-2.屏東科技大學社區林業中心提供）

1.阿禮風古謠樂團。 2.在部落種植金線蓮，打造林下經濟收益。 3.阿禮部落返鄉青年唐佳豐林下養蜂。（1-3.屏東科技大學社區林業中心提供）

在陳美惠帶著社頂成功經驗進入霧臺阿禮部落，著手朝生態旅遊發展時，一個極大考驗降臨在這塊土地上。

二〇〇九年莫拉克風災重創阿禮，下部落的災情慘重，居民被迫遷居到山下「長治百合園區」，上部落則捱過考驗，部分族人在災後回到山上，透過山林巡護監測，重建生態旅遊服務體系，包括加強收集部落傳說、狩獵文化、山林知識，也成立「阿禮風古謠樂團」，透過吟唱傳承部落記憶，拉近原鄉與遷居族人的關係，療癒災後遭受的創傷與隔閡。

生態旅遊在墾丁社頂有不錯的成績，但相同操作模式未必一體適用。至今通往阿禮的路依舊脆弱，也不像墾丁的旅遊配套齊全。當部落積極重建時，族人陸續發現百年頭目家屋石板遭竊、阿禮國小龍柏被伐，甚至還有遊客任意就地露營、隨手拿石板來烤肉，各種失序行徑令族人錯愕又傷心，而促使當地劃設「自然人文生態景觀區」，霧臺鄉包括阿禮、大武、神山都在範圍內，為全國原鄉開出第一槍，遊客必須事先申請才能進到區內，以守護環境永續發展。

於此同時，陳美惠引進「林下經濟」概念，以林下養蜂與種金線蓮的技術，讓原鄉生機更多元，為山村經濟加值。

「養蜂好處不只產森林蜜，蜜蜂授粉也讓農作收成更好了。」廖晉翊從學生時代跟著陳美惠在阿禮部落蹲點，形同半個當地人，他與返鄉青年唐佳豐一起鑽研養蜂產業，很有心得：「森林蜜源豐富，每一批蜂蜜滋味都不同，有的還散發櫻花香、芋頭香！」

打造永續的里山創生路

陳美惠所帶領的屏東科技大學社區林業研究室團隊所帶起的漣漪效應，逐漸往外擴散，吸引更多社區部落認同里山精神。

二〇二〇年屏東縣牡丹鄉啟動國發會地方創生計畫，將林下經濟列入主題，選擇段木香菇、林下養蜂及山林養雞三項，邀請屏科大團隊輔導當地農友，尤其山林養雞方面，推動符合環境承載、友善養殖、動物福祉及安全肉品的一套生產模式。

輔導員吳儷嬅表示，養雞對部落族人來說並不陌生，差別在於過去採取自然放養，數量不多，自用為主，而現在將養雞視為產業，從挑選品種就不能馬虎。鄉內引進中興大學保種與培育的「中興紅羽一九八二」土雞，活力好、抗病強，適合山林放牧，更保留阿嬤年代鄉村土雞的滋味。

為了堅守友善環境，每處土雞飼養場域實施「總量管制」，以不超過五百隻為原則，讓每一隻土雞都享有足夠的活動空間，除了餵養無藥物添加的飼料，山林野菜如咸豐草、假酸漿是牠們的零嘴，純淨天然環境生產打造出「牡丹山林雞」品牌，詢問度大增，讓農友十分振奮。

社區林業計畫已屆二十年，從過去的小眾，如今蔚為主流。「溝通起來順暢很多，但發展到一定階段，又會面臨其他問題，像是法規配套、輔導機制不夠友善等等。」陳美惠舉例：「部落位置偏遠，交通運輸成本高昂，光是買個飼料就比平地貴很多，更別說雞隻運到市區屠宰場，長途跋涉受苦折磨，而且提高成本、增加碳排，違背里山精神。」只能持續與政府溝通，希望突破屠宰法規的限制，在符合環保、衛生條件下，積極輔導偏鄉設置小型的屠宰場。

隨著時代需求演進，社區林業所面對的挑戰沒有減少、只有更多，不能只懂生產，後續的客服、行銷、品牌經營都是學問。如何把這場需要跨域整合的賽局，愈走愈永續、越做越發光？偏鄉部落的里山創生之路，有待更廣闊多元的思維加入。

1.牡丹鄉石門村陳志旺悉心照料的「中興紅羽1982」土雞。 2.牡丹鄉林下養蜂班班員陳志憲生產風味豐富的森林蜜。

屏東科技大學社區林業中心

成立：2004年

組織人數：20人　　電話：08-7740121

地址：屏東縣內埔鄉學府路1號　　FB粉絲專頁：屏科大社區林業研究室

國家圖書館出版品預行編目（CIP）資料

風土再造：看見地方的光：25個社區營造的實踐之路／李佳芳，李雅伶，周培文，高嘉聆，陳培英，葉亞薇，蕭玉品，鍾文萍作. -- 第一版. -- 新北市：文化部出版；[臺北市]：天立股份有限公司發行, 2022.12
216面；17×23公分
ISBN 978-986-532-736-1（平裝）

1.CST：社區總體營造　2.CST：臺灣

545.0933　111019696

風土再造

看見地方的光：25個社區營造的實踐之路

發行人　李永得
企劃主編　黎筱芃
主編　鍾文萍
執行編輯　王佩琪、李葵婷
作者　李佳芳、李雅伶、周培文、高嘉聆、陳培英、葉亞薇、蕭玉品、鍾文萍
攝影　方智達、王士豪、王星鑑、古偉浩、張界璁、張家瑋、陳建豪、楊智仁、蔡孝如、羅正傑
美術設計　化外設計、吳靜慈
封面設計　劉丁菱
行銷企劃　蘇怡文、陳蔚欣
校對　連玉瑩、白明玉

出版　文化部
地址　新北市新莊區中平路四百三十九號南棟十三樓
電話　02-8512-6000

編印製作　天下雜誌股份有限公司
發行　天立股份有限公司
總經銷　大和書報圖書股份有限公司
電話　02-8990-2588
出版日期　二〇二二年十二月第一版第一次印行
定價　新臺幣四百五十元
ISBN　978-986-532-736-1
GPN　1011102032